AF417499

BESAME
CON LOS OJOS ABIERTOS

Un viaje incierto hacia
el Amor Real

Lorena Bassani

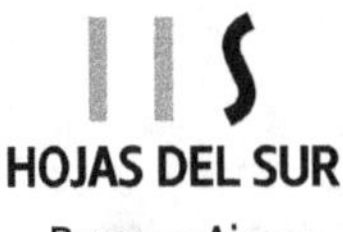

HOJAS DEL SUR

Buenos Aires

www.hojasdelsur.com

BESAME CON LOS OJOS ABIERTOS
Un viaje incierto hacia el Amor Real
Lorena Bassani

1.ª edición

Editorial Hojas del Sur S.A.
Buenos Aires, C1419FSU, Argentina
e-mail: info@hojasdelsur.com
www.hojasdelsur.com

ISBN 978-987-8916-65-1

Dirección editorial: Andrés Mego
Fotografía de autora: Emilia Bidalun
Edición: Silvana Freddi
Diseño: Noelia Pepe

Bassani, Lorena
Bésame con los ojos abiertos : un viaje incierto hacia el Amor Real / Lorena Bassani.
1a ed. - Ciudad Autónoma de Buenos Aires : Hojas del Sur, 2024.
112 p. ; 21 x 14 cm.

ISBN 978-987-8916-65-1

1. Autoayuda. 2. Relaciones de Pareja. I. Título.
CDD 158.2

A mi mamá
A mi papá
A mi hermano

ÍNDICE

Prólogo
La mujer que odia viajar — 9

EL VIAJE
Capítulo 1: Niveles de amor — 15

LA INICIACIÓN
Capítulo 2: Hechizo y dependencia — 47
Capítulo 3: Esencia y personaje — 63
Capítulo 4: Abandono y rechazo — 81

LA LLEGADA
Capítulo 5: Pareja y sanación — 99
Capítulo 6: Final y comienzo — 105

Agradecimientos — 111

La mujer que odia viajar

La primera vez que él me besó, sentí inmediatamente que había dejado un mundo atrás. Ni una calle, ni un país, ni un continente: un mundo entero. Otra vez... estaba sucediendo de nuevo. Sentí que ese beso, su beso, fue un regreso. Un tiro de gracia en el medio de la frente. Un huracán que se llevaba de viaje mi antigua vida y me regalaba el pasaporte mojado con saliva hacia mi nuevo destino. Ya no había marcha atrás. Como antes. Como siempre. Como ahora.

Una frase sonó en mi cabeza mientras él me besaba, y hacía que yo despertara del sueño. "Esto será importante, Lorena", me dije. Y vaya que lo fue... eso fue importante porque ningún cambio magistral planeado por el destino puede dejar de serlo. Y este, su beso, era un cambio necesario en mi alma. Era un final de escena de película italiana, pero también era un inicio. Un nuevo mundo lleno de pequeños espejos que hacían reflejos en el centro de mi boca. En toda mi piel.

Este libro es muchas cosas: es una hoja de ruta a través de mi propio viaje, un viaje hermoso que me llevó de la mano a conocer nuevamente otra mirada del amor, que me hizo caminar a ciegas por un territorio desconocido, por una transformación de paradigma insoportable y por un lugar exótico adonde solo llegan los valientes de corazón cansado. Es la creación de un nuevo tipo de amor sobre la Tierra: el Amor Real.

Entonces, solo les recomiendo que abrochen sus cinturones, abran sus cabezas, enciendan sus almas y se dejen llevar por lo que todavía no conocen... no conocemos. Porque este libro es un libro que todavía no se escribió en mi propia vida, pero lo escribiremos juntos, palabra por palabra, hoja por hoja, capítulo por capítulo. Porque este libro es mi propia hoja en blanco, mi manera impecable de quemar todos mis otros manuales, todos mis otros libros. Es mi manera de dejar de mentirme. Es mi salida de emergencia hacia la vida que quiero vivir, la vida de la que ahora sé que merezco.

Necesitaba con urgencia moverme de lugar, y no podía hacerlo sola. Tenía que irme a otro lado, pero ¿qué quieren que les diga?, todo eso de estar con otro me provocaba angustia y desesperación. La ruta era pesada... había niebla... estaba oscuro. Pero, cuando la magia de la verdad aparece, esta es como un rayo mortal que te deja al borde del precipicio, mirando las estrellas. Y te haces pis encima por el pánico. Y te encanta.

Mi maldita vieja identidad se negaba a soltarme. Sentía las cadenas chocar contra mis tobillos. Tenía que irme. Tenía que dejar de identificarme con quien era yo hasta ese momento. Existía otra Lorena en algún lugar esperando por mí. Mi deber era salir a buscarla, recorrer caminos y kilómetros de mí hasta abrazarla de nuevo, o por primera vez. Sin embargo, había un obstáculo mucho más grande que aquel descubrimiento: ¿cómo iba a hacer para encontrarme si yo siempre era la mujer que odiaba viajar?

Entonces fue cuando él me dijo: "Besame con los ojos abiertos". Y, entonces, lo miré. Lo miré por primera vez. Lo miré en serio. Miré cada parte de su verdad, de su imperfección, de su realidad, de su magia. Y, en vez de mirarlo a él, me vi a mí. En su mirada también estaba yo. En él estaba yo. En cada uno de esos otros, siempre había estado yo. Ahora lo sabía.

Todavía con la boca caliente, húmeda y mordida, solté una carcajada fuerte, que lo asustó. Pobre... Me reí como una loca peligrosa durante cuatro o cinco segundos. En ese momento, justo en ese mismo momento, muerta de miedo por el descubrimiento, me rendí. Supe que cada rechazo, cada abandono, cada golpe, cada maltrato, cada vez que había llorado pidiendo, rogando, suplicando o soñando ser amada, eso había tenido que ver conmigo. Y con mi historia. Y conmigo. Y con mi historia. Y conmigo.

Decidí mandar todo a la mierda, y alejarme de la adicción. Tenía que dejar de consumir la droga del amor que nunca había sido amor, así que, en ese mismo instante, muerta de miedo por el viaje, me rendí. Armé mis valijas, y me fui.

Lorena Bassani

Abril, 2023

El viaje

CAPÍTULO 1

Niveles de amor

La noche anterior al viaje, no pude dormir. Tenía cien ángeles, quince demonios y dos ex peleándose, furiosamente, a trompadas en mi cabeza. Estaba a pocas horas de cambiar de casa, de ciudad, de vida. Pero yo solo pensaba en mi almohada de alta densidad, inteligente, comprada en la calle Pasteur al 300 (algo así como la mejor blanquería del Once). Tan suave... tan delicada... tan fiel. Ella y yo sabemos la verdad. Pero ya no iba a volver a tocarla, ni tampoco podía llevarla. La tenía que dejar en el departamento... mi almohada y el miedo. ¡Mierda! ¡Mierda! ¡Mierda!

Al día siguiente, me desperté a las 6:30; salté de la cama y me pegué un dedito del pie derecho contra la pata de la cama. Sin embargo, nada me frenó. Corrí hacia el baño con la sensibilidad de un robot chino. No entendía exactamente qué era lo que estaba haciendo, pero lo hacía con la ciega convicción de los que aman a necios sin conciencia, así que me bañé, cargué cuatro o cinco cosas, y cerré la puerta de mi casa con doble llave. (Y, cuando digo: "... cuatro o cinco cosas", no miento). Me llevé tres pares de zapatos, un par de ojotas, una campera para el frío, un bikini para el calor, tres remeras, dos polleras y dos pantalones. Listo. Guardé toda mi vida en el asiento trasero de mi auto. Un éxito. A veces creo que soy una mensajera cósmica que vino desde el futuro en una misión secreta, especialmente destinada para que saltemos de lo viejo a lo nuevo. A veces, creo que soy solo una desfachatada. A mí no me importa nada de nada. Pocas cosas me importan: mi mamá, mi papá, mi hermano, mis amigos... la humanidad. No mucho más. Hay algo en mi vida que sí me desvela: mi mensaje. Mi propósito, eso sí, me vuelve loca. Me excita. Mi misión puede tenerme despierta solo con café y con un cuaderno, pero como si anduviera reloca, y de gira.

Comunicar mi mensaje me mata de amor, me apasiona y me convierte en una mejor mujer, vulnerable e invencible. No me importa si lo hago escribiendo, hablando, puteando, subiéndome a una silla o chateando con un flaco por una aplicación. Vivo para esto. Soy esto. Y lo asumo porque, para mí, trascender significa olvidarme de lo que quiero ser para ser lo que soy, que es lo mismo que ser lo que quiere mi alma que yo sea. Cuando sabemos esto, vamos tranquilos adonde sea, porque sé que desobedeceré a todo y a todos, menos a mi propia alma. Y este viaje, para mí, es eso: hacerle caso a mi alma. Ella es la que tiene el volante. Ella es la que aprieta el acelerador.

Lo último que miré al dejar Barracas fue el balcón con florcitas de mi mamá. Seis horas más tarde, llegué a un lugar desconocido, a una casa que solo había visto por fotos. Todo era una sorpresa. En este lugar no tengo historia. Una vez más, aquí estoy escribiendo una historia nueva. Cada día. En cada rincón que miro. Porque todo es nuevo aquí. Desde hace años, muchos años, me dedico a comunicar el cambio de vida, de paradigma... el amor que ya no es. El amor que sí es. Solo me dediqué a eso: a la certeza de que estamos atravesando un tiempo que merece dejar atrás todo lo viejo y distorsionado. Y no solo lo merece. Este tiempo nos impulsa a reconstruirnos; nos empuja a diferenciarnos de lo anterior para conectarnos con nuestra identidad más esencial. Hoy lo estoy viviendo. Yo misma. En mi propia piel. En cada paso que doy. En cada respiración que tengo frente al mar.

Creé mi nueva vida porque pude creer en esta mucho tiempo antes. Sepan esto. Esta nueva vida es un resultado exacto de mi incansable mirada interna. Esto fue trabajo, trabajo conmigo misma que no termina, pero que avanza a un lugar más liviano, más amoroso, más en libertad. Creé mi nueva vida libre de todo, incluso de lo que pensaba que era yo misma. Incluso de lo que pensaba que era el amor. Es que le han hecho una gran putada al amor, porque lo han manipulado. Lo han distorsionado. Le han escupido encima. Cuando el amor se convirtió en necesidad, dejó de ser amor; de tener sus propiedades, su magia, su encanto, su poder. Cuando el amor se convirtió en necesidad, empezó a transformarse en chantaje, secuestro, extorsión emocional. Cuando el amor se convirtió en necesidad, dejó de ser un estado de conciencia elevado, y arrancó con la queja, el reclamo, la posesión, los celos, la comparación, la *hinchada de pelotas*.

Necesitar a alguien, su presencia, su olor, su cuerpo, su fidelidad, su cariño, su sexo, su billetera, su respaldo, su llenada de agujeros propios no es amarlo. Es usarlo. Es usarlo para distraernos, corrernos, taparnos, depender, confundirnos, disolvernos, oscurecernos, desaparecer en el otro por necesidad, por esa bendita necesidad de huir de uno mismo. Le han hecho una gran putada al amor. Le han bajado el precio por conveniencia, para que pierda su fuerza y para que deje de ser lo que realmente debería reinar en el mundo. Lo traicionaron. Le robaron su identidad y han tomado su nombre para fines muy peligrosos... peligrosísimos. Y todos fuimos cómplices.

Ahora mismo estoy con los pies sobre la arena, mirando el mar. El mar no tiene distorsión: es lo que es. Inalterable. Veo sus olas, su ir y su venir. Siento su olor. Aquí todo tiene olor a mar. Aunque no estés cerquita, algo de él te llega. Algo de él te viene a visitar desde lo profundo. Esto me pasó a mí: el mar me llamó, y yo vine. Aquí, cerca del mar, entendí de una manera mucho más pura mi propio proceso de sanación y mi particular manera de amar. Y esto es algo maravilloso. Esto es una belleza de los dioses.

Ojalá que, en este viaje, mi viaje, ustedes puedan verse identificados en alguna parte de su propio camino, de su propia vida, de su propio despertar, de su propia manera de amar. Lo único que me mueve es que ustedes abran sus ojos y puedan verse reflejados en este cuento de transformación y en este mar, profundo, muy profundo. Sí... tan profundo...

Me di cuenta de algo que me aterrorizó. Un descubrimiento: yo puedo dividir mi vida entera por etapas. Y esas etapas tienen nombres de varón. Los hombres lo hacen con los mundiales. Pues bien, yo lo hago con los hombres. Y esto también habla mucho de lo que es para las mujeres encontrar a alguien, tener a alguien y estar con alguien. Una vida entera de estar tratando de que eso suceda...

El primer chico que a mí me gustó fue a los seis años en la colonia de vacaciones de Tigre. Pablito González me gustó durante seis años seguidos. Todo el tiempo pensaba en él. Cuando iba a la Colonia, cuando no iba a la Colonia, cuando estaba en el colegio sin ir a la Colonia y cuando volvía a la Colonia al año siguiente. Imagínense el nivel de obsesión que yo tenía por ese chico. Tenía seis años, y mi nivel de obsesión recién empezaba.

Con mi primer libro, *Quiero un novio*, empecé a hablar justamente de la soledad de las mujeres de treinta años, de la soledad que sienten las que, inexplicable y desesperadamente, no pueden acercarse al amor. Este libro me abrió las puertas de otro mundo, y de otra clase de relación conmigo misma.

Para empezar a encarar el tema del amor, vamos a hablar de cuatro etapas o niveles que yo he atravesado, y aún hoy lo sigo haciendo. Estos cuatro niveles muestran que el amor en nuestras vidas va a ser un reflejo perfecto de lo que hagamos con nosotros mismos. Son cuatro niveles necesarios para comprendernos en este camino que emprendimos.

- **Nivel Romántico.**
- **Nivel Sanador.**
- **Nivel Conciente.**
- **Nivel Trascendente.**

Después de mi libro *Quiero un novio*, empecé a trabajar específicamente con mujeres. Luego, hice otro libro que se llamó *Amar mejor*; posteriormente participé de muchas conferencias, muchas presentaciones en público, y siempre me llamó la atención algo: lo preocupadas que estamos las mujeres por el amor y por el sexo que tenemos.

He hablado con más 50.000 mujeres sobre sus vidas amorosas en todos estos años, y puedo asegurarles que en todas me vi y que en todas las vi a ustedes, y ustedes se hubieran visto en cada una de ellas también. Entonces, siento que es muy necesario que les comparta estas experiencias que me acompañaron durante tantos años, porque ya es momento de ir al siguiente nivel. Es momento de que entendamos que hay varios niveles y que, de alguna manera, podemos pasar al siguiente.

Me encuentro con mujeres de todo tipo, de todo tipo de clase social, de todos los estilos de vida, de todo poder económico. Y siempre el amor es un tema clave en sus vidas.

Empecemos a preguntarnos (y esta será la pregunta clave): ¿qué queremos que sea el amor en nuestras vidas? ¿Para qué está el amor? Y lo resumí en dos preguntas maravillosas:

- ¿Para qué tenemos sexo cuando lo tenemos?
- ¿Para qué amamos cuando amamos?

Estamos en un momento de la Tierra lo suficientemente polémico e importante como para que, de verdad, esas preguntas tengan respuestas. Yo deseo, verdaderamente, que empiecen a contestarse estas preguntas fundamentales de sus propias vidas. Absolutamente todos los días, recibo mensajes de personas que están sufriendo por amor.

Sumerjámonos de a poco en esta primera etapa, o lo que yo llamo "el primer nivel del sexo y del amor" ... el maravilloso **Amor Romántico**.

El Amor Romántico y sus trampas

Aquí es donde lo vemos y no podemos dejar de pensar en él. Y aparecen las típicas frases:

- *Lo/a vi, me miró, lo/a miré.*
- *¡Me encanta!*
- *¡Ay, yo te juro que pasaba algo!*
- *No es lo mismo de siempre: hay algo más.*
- *Algo nos conecta.*

- *Algo, en definitiva, me gusta.*
- *Me gusta ese/a chico/a.*
- *¡Quiero tener algo con él/ella!*

Este es el nivel más básico, el primero, y va a estar caracterizado por una palabra: *ilusión*. Este amor es algo que no es real. Es algo que se desvanece. Es algo que, en definitiva, no existe. Está caracterizado por una mirada tridimensional del amor. Allí encontramos todo eso que nos gusta y que le encanta a nuestro ego. Salimos con alguien y, si tenemos suerte, nos corresponde. Y, si seguimos teniendo suerte, nos ponemos de novio, nos casamos, tenemos hijos, formamos familias, nos separamos y morimos.

Este es el mundo romántico, como el de las películas, el de las grandes obras literarias.

Pero, así como es de romántico, es el más perverso. Es un conjunto de desarreglos hormonales donde nuestros neurotransmisores mandan, segregamos dopamina, y el otro se convierte en una droga. Entonces, vienen la dependencia, los celos, la posesión. Entonces, digo que eres mío, y que yo soy tuya, y que esta relación es para siempre. Es decir, hasta que la muerte nos separe.

Creo que todos estuvimos ahí. En todos estos años, casi lo único que vi fueron relaciones trágicas del mundo romántico, relaciones donde mujeres casi pierden la vida, donde han sido maltratadas, corneadas; relaciones con, inevitablemente, un ganador y con un perdedor. Porque la expectativa mandaba, y porque lo único que hacíamos en esta etapa era andar tapando huecos con el otro.

Necesito que esto les quede muy claro: todos tenemos un primer nivel romántico, en el cual ocurre todo eso maravilloso que pasa en las películas y todo lo dramático que también pasa. Es casi un mundo holográfico. En este mundo de la ilusión (que no existe), estamos cumpliendo un papel, un rol con un par; hacemos una obra de teatro. Y, en el plano sexual, es exactamente igual: parece que tenemos que seducir y, después de seducir, tenemos que enganchar al otro; después tenemos que enredarlo, llegar a la cama con alguien y ver más o menos sexualmente cómo podemos seguir atrapándolo. Pero, cuando se van o no llaman al otro día y nos quedamos vacíos del objeto, terminamos diciendo que nos usó. Sin embargo, en definitiva, es un gran acto de manipulación conjunta, donde uno está seduciendo, tratando de *agarrar*. En ese nivel, somos todos prostitutos emocionales. Aunque decimos que lo hacemos por amor, por calentura, o por atracción, o por lo que sea, seguimos llenando huecos. En definitiva, vivimos actuando sin saber qué es lo que estamos haciendo. Este es el nivel más distorsionado de todos, en el que más miedo existe y donde nos relacionamos fundamentalmente porque necesitamos al otro.

Hay parejas que —en una simple apariencia— sí funcionan, pero esto también es una ilusión. Las parejas que funcionan están, en definitiva, funcionando bonito. Así como hay películas románticas y maravillosas, también las hay románticas y dramáticas; unas y otras forman parte del mismo universo de la ilusión.

¿Qué es funcionar en este nivel romántico? Si tuviéramos que calificar algo como exitoso y como funcional, sería así: lo exitoso es lo que es para siempre, lo que dura mucho. El nivel de graduación de lo que funciona en el nivel romántico es el tiempo, lo cuantitativo.

- ¿Cuánto duró?
- ¿Cuánto estuvo conmigo?
- ¿Cuánto me amó?
- ¿Cuántos hijos tuvimos?
- ¿Cómo fue la familia que formamos?

Y esto es lo que funciona, porque es lo establecido por el sistema. Este dice: "Estas parejas funcionan de acuerdo a la cantidad de tiempo que están juntos". Después veremos que hay otros grados de funcionamiento hasta que, en definitiva, la palabra *funcionamiento* se termina diluyendo.

Dijimos que, en el plano sexual, también nos ubicamos en un lugar de seducción, en el que hay algo que funciona y algo que no funciona, un lugar donde parece que las relaciones son exitosas si los dos alcanzan el orgasmo. Por ejemplo: uno tiene que funcionar, y el otro también debe hacerlo; los dos tienen que funcionar. Si no, al otro día, estaremos mandando un mensaje por el grupo de WhatsApp: "Me parece que no tenemos química", "Me parece que, en definitiva, esto no funciona", "No va a andar", "No nos llevamos bien en la cama", y tantos otros mensajes…

Calificamos el sexo de acuerdo a un estandarte casi porno, o a cómo nos contaron que tenía que ser, o a como creímos que debía ser porque, en el nivel romántico, las creencias limitantes colectivas sobre lo que es una pareja y sobre lo que es el sexo están muy arraigadas. Han pasado de generación en generación las supuestas características exitosas de una pareja y de una relación sexual, ¡y con eso crecimos! ¡Y con eso nos acercamos a otro! ¡Y con eso amamos! Y, de acuerdo al manual que nos pasaron, vamos por la vida tratando de ver si en una de esas mi vida encaja con ese manual caduco y obsoleto. A veces, encaja, y hay parejas que funcionan y son felices y, otras veces, no.

En este nivel, me voy a hacer también las dos preguntas más importantes: ¿para qué tenemos sexo en el Nivel Romántico?, ¿para qué amamos en el Nivel Romántico? Para muchos, la respuesta es que lo hacemos y amamos por necesidad. Porque necesitamos al otro, ¿para qué?, para que nos llene espacios que no somos capaces de hacerlo por nosotros mismos.

Y esto es fundacional. El cuento bonito o el cuento dramático por igual son dos ilusiones creadas, en definitiva, para llenar los espacios que no podemos resolver nosotros. "¡Pero es hermoso cuando se sienten las mariposas en el estómago!", objetarán. Ya está. Lo podemos despedir; podemos hacer un acto de buena voluntad con el mundo en general, con sus propias vidas y despedirlo. Porque, cuando uno ve de qué está creado ese mundo, ya no quiere pertenecer, ya parece poco, ya no estamos para eso. Y, si estamos para eso y lo estamos escuchando ahora, cabe preguntarnos: "¿Qué me falta? ¿Qué me pasa? ¿Qué no tengo? ¿Qué no resolví? ¿Dónde está mi hueco? ¿En qué parte del cuerpo lo encuentro? ¿Qué estuve llenando todos estos años, con gente, con pareja, con novio?".

Cuando entendí el nivel romántico, no pude ver más que una comedia romántica en mi vida. Porque entendí que seguir así es una farsa, es seguir abonando una teoría irreal, incompleta, absurda, la misma teoría que me hizo encontrarme, después en la vida real, con hermosas mujeres que venían con un ojo morado y volvían a venir a la semana siguiente con otro ojo morado, y no podían separarse porque habían prometido estar con esa persona para toda la vida, y porque lo único que querían era un *fucking* final feliz.

El final feliz es saber que hay otra etapa, que hay otro nivel; que, por suerte, podemos seguir caminando de a poquito en esta vida y podemos empezar a aumentar la mirada, cambiar de pensamiento, tener otras ideas, escuchar otras palabras, permitirnos sentir otras sensaciones. Y así llegamos a la etapa siguiente, al nuevo nivel, porque hay mucho más en la viña del Señor. Por suerte, me despedí del mundo romántico el día que escribí *Quiero un novio*, y lo publiqué. Y entré al nuevo nivel en febrero del 2008. Pero lo entendí después porque, en ese momento, cuando le conté al mundo que me había escapado de un matrimonio, no sabía que estaba en medio de una transición. Cuando rompí esa historia romántica con el cuento bonito, con las expectativas, con lo que mandaba el sistema, con lo que, supuestamente, era una vida en pareja, recién entonces me habilité para acceder al nuevo nivel... sin saberlo, sin quererlo, sin sospecharlo.

El Amor Sanador y la separación

Si el nivel romántico estaba regido por la palabra *ilusión*, el nivel de la sanación está regido por la palabra *separación*. En esta etapa, salimos de lo "rosa", y la cosa se empieza a poner "negra", ¿por qué?, porque en este nivel no podemos conectar con otro, no sabemos qué nos pasa.

Cuando uno entra al nuevo nivel, parece que se volvió invisible. Empezamos a detectar, no sabemos por qué, que no hay conexión. Es una etapa en que se está mucho tiempo solo, o en que, cuando finalmente nos emperifollamos para salir con alguien, este cancela la cita. O, si no, no sucede o, si no, tengo sexo, y se va. O, si no tengo sexo, se va y vuelve.

Cuando sabemos que algo cambió y salimos de un nivel casi sin conciencia y entramos a otros niveles también casi sin conciencia, las cosas no vuelven a ser como antes, y empezamos a sanar. Es un momento de mucha incertidumbre y dudas, como que no podemos de ninguna manera, como que quiero pero no puedo, intento pero no me sale: algo siempre sucede.

En esta etapa de sanación, empezamos, justamente, con esta dificultad: no poder conectar como antes con alguien porque salimos de la ilusión y empezamos un camino, si se quiere, de búsqueda. Cuando vemos que las cosas cambiaron y que no podemos conectar de ninguna manera, empezamos a mirarnos a nosotros, porque es lo que queda. Si ya no podemos mirar a otro e ir al cine, tenemos que mirarnos. Lo que hace esta etapa es inaugurar, en muchos casos, el despertar espiritual.

Entonces, empezamos de a poquito con este despertar espiritual, y nos miramos chiquito, ajustados, de una manera muy torpe. Y, de una forma muy incipiente, nos damos cuenta de que hay algo que se llama *matrix*. Cuando incorporamos ese concepto, aun estando en la etapa de la ilusión, se une este nivel de sanación, donde la separación es la reina. Lentamente salimos de la ilusión.

Cuando uno está en el primer piso, no sabe que está en el primero; cuando uno está en el segundo, sabe que está en el segundo y que abajo está el primero. Pues bien, esto es lo que pasa en el nivel de la sanación: empezamos a ver que estamos ubicados en un lugar donde algo tenemos que hacer con nosotros mismos, donde de alguna manera empezamos a caminar un despertar espiritual, un camino de autoconocimiento, de ver qué podemos hacer para salir de esta situación, y empezamos a ir a la tarotista... que nos está esperando para decirnos que, seguramente, nos hicieron un "trabajo". Entonces, como empezamos a caminar desde cero, vamos pasando por todos los niveles, las experiencias y los personajes maravillosos que tenemos en ese universo. Tenemos a la tarotista y, cuando ya crecimos un poquito más, nos vamos a los registros akáshicos, porque ya estamos un poquito más grandes en el nivel de conciencia, pero siempre buscando que afuera esté la respuesta a nuestra *desgracia*. De a poco, empezamos a entender que hay algo más, que quizás el mundo espiritual nos da ciertas respuestas, que tenemos que trabajar con nosotros mismos, hacer terapia y mover la situación para ver si podemos salir del estado derrumbado en el que estamos. Se empiezan a incorporar conceptos como energía, vibración (todavía no sabemos para qué sirven, no tenemos idea de cómo se usan pero, insisto, los usamos y queda bien). Nos metemos en el mundo de la falsa espiritualidad: hacemos yoga, prendemos velas, etc. Pero seguimos siendo víctimas. Sí, seguimos en el papel de víctima, seguimos en el papel donde alguien nos hizo algo malo. Y así iniciamos la búsqueda eterna del "indicado".

¡Y seguimos repitiendo! Porque, como con uno no funciona, tenemos que intentar con el siguiente y, como con el siguiente no funciona, tenemos que hacer un nuevo intento con el próximo, y así vamos acumulando una cantidad infinita de intentos frustrados. Poniéndonos en víctimas, lo único que hacemos es seguir repitiendo las mismas experiencias, hasta que llegue el que sí es. Y siempre creemos que el próximo lo es. ¿Por qué?, porque eso lo aprendimos en el nivel anterior, en el nivel romántico, y pensamos que en este nivel seguimos sanando, y vamos repitiendo, repitiendo y repitiendo, buscando al indicado, siguiendo con el *loop* interminable de la víctima y del victimario. Esta es la etapa más larga, de donde más nos cuesta salir. Obviamente, en la etapa romántica, también hay gente que nunca sale de allí, y se muere allí. Los entierran juntos uno con el otro, y nunca se enteraron de que existía otro tipo de nivel.

Esta búsqueda desenfrenada del "indicado" produce algo que yo llamo "la trampa del grotesco", ¿por qué?, porque uno se vuelve caricatura del próximo y del siguiente. ¿Qué significa esto?, si de alguna manera encontramos a uno, y con ese no fue, el próximo va a tener las mismas características que el anterior, ¡pero exacerbadas! ¿Por qué?, porque, como la vida y el nivel en donde estamos se llama *sanación*, lo que quiere, justamente, nuestra alma es que sanemos. Entonces, ¿qué va a hacer nuestra alma? Nos va a cruzar con personas que cada vez más tengan la característica que nos ayuden a identificar la herida que tenemos que sanar. Esta búsqueda interminable tiene que ver con una gran repetición de patrones, lo cual nos lleva a identificar nuestras heridas.

Es un cuento hermoso... ¡no me digan que no! Es un cuento maravilloso: venimos de la ilusión, del mundo de la *matrix* (donde hay un sistema que nos condiciona) y de unos mandatos románticos insólitos. Salimos de ahí, y nos empezamos a dar cuenta de que ya no podemos conectar. Algo nos dispara las alarmas, nos miramos para adentro asustados, aterrados, a ver qué podemos encontrar. Empezamos a hacer terapia para mirarnos, y nos vamos dando cuenta de que somos nosotros los que tenemos que sanar. Allí metidos, empezamos a entender que el otro, en definitiva, tiene que ver con uno; el otro soy yo. Y, si el otro soy yo y hace cosas que a mí no me gustan y me duelen, yo tengo que sanar algo en mí. Al repetir patrones, comenzamos a percatarnos de que tenemos heridas, de que repetimos patrones de búsqueda, de que hay sistemas de creencias que avalan todo eso y de que tenemos que sanar. Y, cada vez que creemos que encontramos al indicado y no termina siéndolo, significa que tenemos que sanar otra nueva herida, otro nuevo nivel de profundidad de esa misma herida, o que, simplemente, tenemos que seguir sanando.

Los que, teóricamente, sufren menos es porque no se dan cuenta del nivel en donde están; son como zombis, sin hacer un trabajo lo suficientemente importante con ellos mismos para poder no sufrir. A mí no me parece que ese sea un nivel de menor sufrimiento, sino que, simplemente, son ignorantes. Les falta información que tiene que ver con la conciencia.

Si llegamos hasta acá, no podemos volver atrás. ¡Eso está buenísimo, también, que se sepa! Si están acá y me están leyendo, es casi imposible que estén metidos solamente en el nivel romántico. Puede pasar pero, de alguna manera, algo les llama la atención para seguir caminando, porque todos vamos a pasar por todos los niveles, absolutamente todos; lo único en que se diferencia es el tiempo. Uno no puede arrastrar a nadie a que salga de un nivel y entre en otro; no debe, no puede... no se tiene que hacer así. El fin del ser humano es evolucionar; es ser, justamente, cada día un poco mejor en conciencia y conocerse más. Entonces, aunque queramos, no podemos retroceder ni ir más rápido. Porque el alma ya sabe el paso que necesita para caminar, qué es lo que tiene que hacer. Lo único que podemos hacer es no preocuparnos por otros, y sí preocuparnos por nosotros mismos y por nuestro nivel, por dónde estamos, y por ver qué podemos hacer para ir al siguiente.

Recapitulemos: no nos podemos juntar, vamos para adentro, hacemos terapia, nos damos cuenta de que en la repetición encontramos patrones. Y, de esta manera, empezamos a incorporar el concepto de herida, el concepto de creencia limitante, el concepto de "Aquí hay algo muy profundo". Y tiene que ver con el otro, pero a la vez tiene que ver con uno; el otro me está dando información sobre mí. Y yo tengo que aprovechar esa información para sanarme, para entenderme, para verme más que antes. ¿Es la etapa más dolorosa? Sí, claro. Porque nos muestra dónde andábamos metidos y dónde empezamos a ver el mundo de otra forma.

En esta etapa siempre estamos solos, porque es la etapa en donde no podemos conectar con otros porque estamos sanando. Y, si conectamos con otros, lo hacemos para que el otro nos dé información sobre nosotros mismos. ¿Para qué?, para seguir sanando. No podemos hacer otra cosa cuando estamos en la etapa de la sanación. ¿Y cuándo terminamos de sanar? Así como uno no puede decir cómo sana, tampoco puede decir cuándo termina de sanar. Es un proceso, y los procesos no se pueden ni acelerar ni retrasar, ni poner en pausa; el proceso anda como el río. El río va solo. ¿Uno puede acelerar el río y decirle: "Río, corre más rápido"? No, el río va a su tiempo, a su forma... no queramos parar el río. Pero seguramente se preguntarán de qué depende sanar, y esta sí es una pregunta válida. Depende de nuestro compromiso con nosotros mismos, porque en este proceso lo único que va a pasar es que vamos a querer tirar todo por la borda y volver a meternos en el nivel romántico, para ver si de alguna manera aparece alguien que nos rescate y nos lleve a ese lugar, y nos quedamos ahí, y listo. Siempre estamos tratando de volver a lo cómodo, a lo conocido, a lo familiar, a lo natural. Siempre estamos como con la inercia, tratando de ver si una vez la pegamos y nos olvidamos de todo esto. Compromiso, amor por nosotros mismos, respeto por el proceso... depende de todo eso.

Cuando hablo de niveles, creo que uno no puede decir que sale de uno y entra en el otro. Se van superponiendo y, muy probablemente, tengamos que hacer el ejercicio magnífico de decir hoy en qué nivel estamos. Puede ser que sea por etapas, por temporadas, pero también puede ser que sea por semana, por meses, por días. Incluso esta etapa puede ser más maravillosa porque el crecimiento personal puede ser sorprendente. Se supone, según establece el cuento, que, si voy subiendo de nivel, la etapa es cada vez más maravillosa. Estamos subiendo el nivel de complejidad pero, a la vez, el premio es más grande. En esta etapa de sanación, puede ser que no tengamos sexo, o puede ser que tengamos (de la misma manera que tenemos dificultad para conectar con otro y hacerlo nuestra pareja) también la misma dificultad en la cama. No sucede, no me pregunten por qué no pasa; quiero que pase, el otro quiere que pase, pero no pasa.

Es como que no estaba destinado a ser: uno termina pensando eso pero, en definitiva, es que estamos en esta etapa: la etapa de la sanación, el nivel de la sanación. Es como si nos pusieran una pausa y nos dijeran: "No sigas haciendo lo mismo; no lo hagas igual que siempre". Y, entonces, nos empezamos a cuestionar que hay otra manera de tener sexo porque, ante la imposibilidad de tenerlo, uno tiene también que preguntarse: "¿Qué estoy haciendo cuando tengo sexo? ¿Qué está pasando en ese momento? ¿Qué es lo que estamos haciendo este hombre y yo desnudos en la cama?". Hasta hace dos horas y cuarenta minutos, no nos conocíamos; solamente compartimos una picada y terminamos enredados en una cama, no sabiendo casi ni en qué barrio vive el otro.

Lo importante es empezar a preguntarse qué estamos haciendo con esto en nuestra vida, qué significa el sexo para nosotros, qué nos tiene que enseñar esta imposibilidad, para que aprendamos de nosotros mismos. También tenemos que empezar a sanar lo que creemos que es el sexo, lo que estuvimos haciendo con el sexo.

Y entonces se prende la lamparita, y empezamos de a poco a conectarnos con nuestra energía femenina, a ver qué hacemos para mejorar nuestra vida sexual, a conocernos sexualmente (porque, como no podemos tener sexo con otro, empezamos a masturbarnos). Así, empezamos a conocernos más y a entender qué nos gusta y qué no nos gusta, y que tuvimos sexo siempre por darle el gusto al otro.

Porque en la *matrix* y, en el nivel romántico, lo único que hacíamos era tener sexo sin conciencia. No estaba incluido para nada el placer, el disfrute, el autoconocimiento ni nada de todo esto.

Pero, si no hubiera un stop, seguiríamos igual. A mí me parece muy interesante esto, porque crea mucha frustración no entender por qué las cosas no se están dando. Lo que quiero traerles a ustedes es la paz y tranquilidad de comprender de una manera mucho más grande lo que está sucediendo en sus vidas.

Vamos a contestar las dos preguntas fundamentales:

- ¿Para qué tenemos sexo cuando tenemos sexo en esta etapa?
- ¿Para qué amamos cuando amamos en esta etapa?

Lo hacemos porque el otro nos ayuda a sanar; entonces, cuando nos acercamos al otro, vamos a recibir una respuesta con una información lo suficientemente valiosa para que podamos conocernos más; sanarnos más; identificar nuestras heridas, nuestros patrones, nuestras creencias limitantes; y hacer algo con el otro en el amor y en el sexo. No solamente nos estamos sanando nosotros, sino que estamos sanando nuestro sistema familiar y nuestros ancestros. Es una salvación personal y colectiva.

Hay gente que está desilusionadísima, compungida, diciendo que esto, por lo pronto, no va a mejorar. Y, probablemente, no. Pero no desesperen porque hay dos etapas más: hay dos niveles que nos esperan (esto es una buena noticia).

Todo el tiempo estamos creciendo porque, en la etapa de la sanación, como la adolescencia, es donde pegamos el estirón. Entonces, tenemos experiencias más de choque, porque recuerden que a la vez seguimos despojándonos, ¿de qué? Estamos en transición de la *matrix* a otro nivel de conciencia, limpiando los viejos patrones, esas viejas ideas; lidiando permanentemente con nuestra vida, con la gente que todavía está metida en el otro mundo, que nos viene a voltear la puerta, con mamá y papá que empujan, insisten.

Y nosotros estamos queriendo sanar sin que nadie nos entienda, solos, porque en esta etapa, entre tanta separación y tanta incapacidad para el encuentro, la oscuridad y tanta cuestión que no fluye, justamente, son unas de las características para empezar a considerar la idea de estar solos. ¡Tenía que pasar! ¡Llegó el momento! Y empezamos a entender qué significa estar solos y a amigarnos con esa idea. Pero no nos gusta, obvio, porque venimos de la época en la que salíamos con uno tras otro. Y, en el momento en que nos *cortan el chorro*, empezamos a sanar mientras nos presentamos al mundo con una nueva identidad: "¡Hola! ¿qué tal?, estoy solo/a hace mucho tiempo".

Y esto crea incomodidad, y esto no nos gusta; nos pone casi en la categoría de fantasma social y es lo que más cuesta:

- "Estoy haciendo esto solo/a, ¿cuánto tiempo va a durar? Yo quiero compartir. Me gusta compartir cada tanto".

- "Yo estoy muy bien solo/a; yo soy feliz solo/a, a mí me encanta estar solo/a. Me encanta mirar una peli en Netflix; después se van los chicos, y yo a veces me hago una comida para mí solo/a".

- "Pero yo quiero compartir en algún momento; me empieza a agarrar angustia porque yo quiero compartir".

Basta con ese discurso porque ni están bien solos, ni se ponen la película en Netflix, ni se hacen de comer, ni están compartiendo. Todo es una tragedia. Entonces, hay que amigarse con el concepto de estar con uno mismo. Saliendo de la *matrix*, de la ilusión, empezamos a entender que eso era una circunstancia, pero que, en definitiva, uno nace solo, se va a morir solo, y parece que tenemos mucha complicación con vivir solos.

Después del nivel de sanación, caracterizado por la separación (donde empezamos a estar solos mirándonos a nosotros mismos y a entender qué tenemos que sanar), llega el nuevo nivel.

El Amor Conciente y el aprendizaje

Si en el nivel anterior teníamos complejidad para ver el mundo de lo romántico y se nos mezclaba a veces con el de la sanación, acá, en el conciente, lo tenemos todo muy claro. Sabemos cuándo es uno y sabemos cuándo es el otro. El primero lo tenemos bien identificado; sabemos cómo es el cuento de la telenovela, sabemos dónde está el drama, sabemos cuáles son las características: posesión, celos, monogamia (también está inserta en el mundo romántico). Todo esto está clarísimamente visto, trabajado, observado. Lo nombramos con otra palabrita hermosa: *integración*. Si el nivel anterior estaba caracterizado por la palabra *separación*, en este vamos a empezar a integrar de a poquito. Básicamente, el trabajo que tenemos que hacer es el de la responsabilidad; darnos cuenta de que todo lo que vivimos hasta ahora tuvo que ver con nuestra responsabilidad.

Empezamos a ver el afuera como una creación del adentro y, entonces, estos conceptos de la dualidad que venimos arrastrando desde el nivel número uno comienzan a acercarse más. Empezamos a entender que el afuera forma parte de nuestra creación, que ya no somos víctimas de nada, que el otro es un espejo, que el otro nos viene a mostrar, no solamente desde el miedo, sino también desde el amor. Y empezamos a integrar cada una de las experiencias que nos van pasando, ya no desde la repetición grotesca caricaturista del *loop*, sino que ahora vemos el aprendizaje en todo y en todos.

Entonces, en el nivel de integración, somos responsables; no somos más víctimas: somos creadores. Vemos que el afuera tiene que ver con nosotros mismos; que, en definitiva, también tiene que ver con un espejo de nuestro grado de sanación. Lo vemos como un termómetro. Y empezamos a identificar muy claramente que el otro nos ama como nosotros nos amamos (esto es aplicable a todos los vínculos).

En esta etapa, entendemos que el amor que recibimos es consecuencia del amor que nos damos, que es allí donde tenemos que ir a buscar: adentro. Y lo que tenemos que ir a buscar es el amor propio. Atraemos lo que somos, ¡obvio! Siempre atrajimos lo que éramos, pero antes no lo sabíamos, porque estábamos en otros niveles en donde teníamos menos información; éramos menos concientes y estábamos atrapados en telarañas oscuras de la *matrix*.

En este estadio, vemos más. Vemos más claro, sufrimos menos, vibramos distinto. Empezamos a compartir más, pero cambia algo fundamental: el concepto de pareja. No es que vamos a volver al punto número uno y vamos a volver a tener la vida hermosa en pareja, familia, hijos, y todo eso que están pensando. Acá empieza a cambiar la estructura social. Recuerden que todo esto sucede porque estamos inmersos en una transformación increíble de paradigma, donde las cosas no van a volver a ser como eran antes, les guste o no. Vamos a compartir con otros, dándonos cuenta de que ese otro nos sigue trayendo información de nosotros mismos, pero para que nosotros empecemos, de alguna manera, a caminar ese sendero en busca de nuestro propósito. En esta etapa, empezamos a entender que la otra persona y yo somos diferentes, y que cada una de esas dos personas tiene que ser completamente autónoma y brillar en su lugar, y tienen que compartir ese brillo por el tiempo que sea.

Porque de ninguna manera las parejas están definidas por la duración: en esta etapa, las parejas están definidas por el aprendizaje. ¿Cómo puedo incorporar todo ese aprendizaje, meterlo adentro y ser una mejor persona? ¿Cómo puedo evolucionar? ¿Cómo puedo crecer, madurar, expandirme?

En este nivel nos preguntamos para qué estamos en esta vida, porque no solamente nos preguntamos si vamos a volver a tener sexo, si vamos a estar solos mucho tiempo más, si vamos a tener pareja o no. Nos preguntamos quiénes somos nosotros realmente, y ya no nos preocupa nada estar con alguien o no estarlo. Porque sabemos que, cuando tengamos que tener un aprendizaje nuevo, si es compartido, va a llegar y va a venir, y no van a poder hacer nada para que se vaya ni para que se quede, porque el aprendizaje dura lo que tiene que durar. Insisto: las relaciones no se miden por duración, sino que se miden por aprendizaje, por calidad... por la calidad de presente que puedan compartir.

En esta etapa somos observadores de la película. La escribimos y la dirigimos. Sabemos que podemos crear realidad, que nuestros pensamientos crean realidad. Y entendemos también que el sexo tiene que ver con integrarnos, con entregarnos, incluyendo todo eso que aprendimos sobre este en la etapa anterior. Si en la etapa anterior nos conocimos mucho, experimentamos mucho con nosotros mismos, empezamos a entender qué era el disfrute, qué era el placer, para qué yo me integraba con otro en una cama, pues bien, el nivel conciente nos va a traer compañeros amorosos también integrados en su energía masculina-femenina. Y, así, el encuentro sexual empieza a tener otro carácter. Sale del "secuestro" emocional y entra en una primera aproximación al sexo sagrado, donde estas energías masculinas y femeninas fundidas (primero interiormente) pueden empezar a compartirse con otra persona que también está integrada, que también tiene resuelto ese sistema.

Acá ya empezamos a entender un poco más qué significa *vibración*, qué significa *energía*, qué estamos haciendo en una cama con otro, que nos estamos conociendo a nosotros mismos a través del cuerpo de otro. El otro se está conociendo más a sí mismo a través de nuestro cuerpo, y entre los dos formamos una danza sin ningún tipo de expectativa y sin ningún tipo de mandato funcional. Acá no importa nada si hay erección o no, si llegamos al orgasmo juntos o separados. No importa nada porque empezamos a bucear en nuevas formas de erotismo, de conexión con lo sexual, nuevas formas de seducción.

Por eso, cuando ya no tenemos expectativas de quedarnos prisioneros; de que se cumpla una función, un rol; de que esté por nuestra necesidad de posesión porque tenemos todavía heridas que no vimos, podemos, verdaderamente, entregarnos con sinceridad y honestidad.

Hasta ese momento, todo estuvo encaminado perfectamente hacia una hermosa manipulación para que el otro dé lo que uno necesita, porque cree que, solo, no puede. Entonces, ¿qué es lo que pasa en esta etapa?, ¿para qué tenemos sexo en esta etapa?, ¿para qué amamos en esta etapa? Ya saben cuál es la respuesta: para ser mejores, para crecer, para expandirnos como almas, para entender que el amor expande. En este momento no nos va a importar más qué tipo de pareja es, dónde lo encasillan, qué somos, cuál es el rol, porque no hay personaje, porque conecta una esencia con otra esencia, porque a partir de allí todo es un juego. El tema es que ahora somos concientes de ese juego; estamos jugando, y esta es la mejor parte de todas. En esta etapa, seguimos solos, ¿por qué?, porque cambia el concepto de estar con alguien.

Vamos al último nivel, por lo menos conocido por mí.

El Amor Real y lo nuevo

Es el nivel trascendente. Tenemos como reina la conciencia de unidad y, quizás, es el nivel menos explorado, pero más conocido por todos nosotros. ¿Saben por qué? Porque este nivel es el nivel donde empezó todo, es el nivel de donde venimos, donde ya estábamos unidos. La vida solamente es un viaje de separación para darnos cuenta, al final, de esta conciencia de unidad, donde todos formamos parte de lo mismo. Nos damos cuenta de por qué estamos solos, pero de que estamos unidos a todos; de que nunca hubo separación; de que el amor que buscamos está dentro de nosotros. Y, en ese viaje inmenso que hicimos, lo único que hicimos fue recorrer las distintas estaciones del tren, para darnos cuenta de que eso que buscábamos afuera estaba acá.

Nos damos cuenta de que somos amor y de que todos los demás nos lo fueron reflejando para que creciéramos, sanáramos, viéramos, nos miráramos, aprendiéramos. Todos esos actores de reparto que fuimos encontrando en la peli (que nos ayudaron a ser mejores), todos esos también son amor. Cada uno fue una pequeña pieza de mi rompecabezas.

Y, en la conciencia de unidad, se arma el rompecabezas de quiénes somos. Nos podemos mirar realmente, entendiendo que somos amor, que ya no necesitamos nada de afuera, que ya tenemos todo, que estamos completos y que lo podemos compartir con otro que ya también tenga el rompecabezas armado, y con otro y con otro, con tantos otros como queramos. Porque ya no es importante eso: acá solamente importa la experiencia del disfrute, de entender que todo lo que encontramos afuera nos está hablando de nuestro propio amor. Con ese superpoder podemos hacer lo que queramos. Podemos estar solos, estar con alguien, no importa nada. Desde ese lugar, desde esa conciencia en unidad, podemos todo. Así, volvimos al principio. Volvimos y encontramos adentro eso que buscábamos con desesperación cuando empezamos la peli y estábamos en el medio de la *matrix*, en el mundo de la ilusión y llorábamos, sufríamos, celábamos, poseíamos.

Los que me conocen saben que este viaje inmenso comenzó en el 2005, cuando conocí a una persona a la que, durante todo este tiempo, consideré mi llama gemela. Básicamente, significa encontrar a otro que espeja perfectamente quiénes somos. Es encontrarnos en otro porque se da la misma calidad energética. A mí me pasó eso y, gracias a esta experiencia, me di cuenta, en esta conciencia de unidad, de que ese otro me había acompañado en todo este viaje maravilloso que les acabo de contar. Me tomó de la mano, y me acompañó para darme cuenta de que mi llama gemela soy yo, de que eso que yo veía en el otro era un amor enorme y de que lo único que hacía la dualidad era mostrarlo en otro, para que yo lo pudiera identificar adentro.

Cuando me di cuenta de eso, también me di cuenta de que no solamente él era mi llama gemela, sino que todos eran mi llama gemela, porque todos venimos de la misma fuente de amor; estamos destinados a terminar unidos a esta conciencia de amor. Entonces, vemos el mundo desde ese lugar y comenzamos a ver en el otro nuestra propia alma y empezamos a conectar mágicamente con el amor que ese otro tiene adentro y podemos reconocerlo. La conciencia de unidad es darnos cuenta de que todos somos amor, y de que vale la pena compartirnos.

Si en la *matrix* amábamos y teníamos sexo por necesidad, y en la etapa de sanación lo hacíamos para sanarnos a través de otros, en la etapa de la conciencia lo hacemos para mejorarnos. En el nivel trascendente, tenemos sexo solamente para amar, porque solamente somos y porque ya estamos unidos y completos. Entonces, solamente tenemos que ser; el otro solo tiene que ser, y esas dos unidades completas se juntan para ser un todo.

La iniciación

CAPÍTULO 2

Hechizo y dependencia

Vamos a empezar a entender cómo se disuelve un hechizo, pero también a a comprender qué es un hechizo: es la dependencia emocional, una programación.

En este tiempo todos comenzamos a preguntarnos para qué estamos en la Tierra. Entonces, no solamente quiero que ustedes lean lo que yo les voy a contar, sino que me gustaría que lo hagan con los ojos abiertos, con la mente abierta, con el corazón abierto porque, por alguna razón, están leyendo este libro.

Permitamos darnos el espacio para poder recibir un mensaje, y ese mensaje tiene que llegar porque estamos en un momento importantísimo de la humanidad, en un momento planetario donde ya no necesitamos más cargar viejas mochilas, nada que tenga que ver con nuestro yo biográfico, con nuestro pasado de esta vida o de otras vidas. Cabe aclarar que este no es un libro común donde nos van a contar cómo olvidar al otro porque ya no te soportas a ti mismo. Es otra cosa: estamos hablando de nosotros mismos y, si nos vemos a nosotros en el espejo, vamos a poder entender nuestras vidas.

De esta manera, lo primero que quiero contarles es que estamos pasando como humanidad de un tipo de energía a otro tipo de energía, de una frecuencia a otra. Estamos *cambiando el dial de la radio* porque veníamos escuchando siempre la misma estación. Ahora la Tierra y sus habitantes, los seres humanos, que estamos adentro deshilachados, vamos a pasarla a otra frecuencia energética, a otra vibración. Y para eso necesitamos, justamente, entender nuestras vidas. Vamos a vibrar más alto, vamos a pasar de una vibración a otra, y para eso tenemos que quitarnos de encima todo lo que nos pesa, todo lo que cargamos, todo lo que está bajándonos la vibración. Si vamos a irnos a otro lugar, vamos a ir más livianos.

Es una etapa especial para limpiar, para correr, para dejar la mochila de lado, y entender que tenemos que caminar más ligeros, sin la presión, sin las cadenas, sin nada que nos ate al pasado. Porque está la energía disponible para hacer este tipo de purificación y este tipo de limpieza. Estamos limpiando kármicamente para romper con esto que, en definitiva, es lo que nos está pesando tanto. Seamos serios y entendamos fundamentalmente qué es lo que estamos haciendo: estamos poniendo conciencia sobre algo que tenemos que liberar para que algo nuevo comience. Eso es un hechizo, es algo que está trabando, es algo que distorsiona el flujo real de los hechos, para que, justamente, se haga un camino más largo. Entonces, lo que tenemos que entender es que, en el momento que estamos viviendo, fundamentalmente, no hay más tiempo. ¿Qué significa que no haya más tiempo?, que estamos limpiando contratos kármicos, contratos que tienen que ver con un yo que, en definitiva, no es el que vamos a seguir viviendo. No es el yo que nos identifica en esencia: es el yo que cargamos de toda una historia.

Ustedes saben que nosotros, como esencia, somos seres que bajamos y encarnamos en este planeta. Somos, fundamentalmente, amor. Cuando encarnamos en la Tierra, ya sea en esta vida o en otras (no sé cuántas vidas han vivido cada uno de ustedes; quizá, esta es la primera, o quizá es la millonésima, pero esto no importa), si cargamos con un yo biográfico que tiene que ver con todo esto que fuimos viviendo en nuestras vidas anteriores, ha modificado esto que, creemos, nosotros somos. Y no somos lo que creemos que somos: somos un ser anclado en el amor, que vino a vivir una experiencia, casi casi como si esto fuera una obra de teatro. El actor interpreta una obra (puede ser una comedia o una tragedia), y después se va a su casa.

Así hacemos nosotros, los seres humanos, con cada una de las vidas que elegimos vivir: hay un montón de personajes que hacen de relaciones para que aprendamos, para después volver, de donde venimos, con la lección aprendida. Y lo hacemos siempre, permanentemente. El tema es cuánta conciencia tenemos sobre nuestra propia obra de teatro, sobre nuestra propia película, sobre nuestra propia novela... cuánta conciencia tenemos sobre eso. Entonces, me interesaría mucho que nos basemos en eso: en entender que esto que son ustedes es solamente un fragmento, una partecita porque, a partir de ahora y en adelante, vamos a empezar a vivir cada vez más desde nuestra esencia, desde nuestra verdadera identidad, a partir de lo que somos realmente. Porque la Tierra no va a poder cargar con nosotros si nosotros no tenemos una vibración cada vez más pura. Si estamos cargando todo el tiempo con lastres del pasado, nos volvemos densos, vibramos más bajito y, entonces, nos convertimos en una especie de ancla para la Tierra, que va ascendiendo y ascendiendo. Estamos rompiendo nuestros viejos hechizos y estamos firmando, en este mismísimo momento, el contrato de nuestras nuevas vidas.

Los hechizos, y fundamentalmente el de la dependencia emocional, son eso: una piedra en el zapato, una piedra en el camino, todo eso que, en definitiva, está trabando el fluir de lo natural, de lo que debería ser por derecho divino (o sea, nuestras propias vidas en libertad). Lo único que hacen los hechizos es retrasar el proceso de liberación del ser humano.

¿Y qué es la dependencia emocional? La dependencia emocional se caracteriza por generar siempre un tipo de amor que no podemos dejar atrás. Seguimos conectados a través del tiempo. Somos afectados en nuestra voluntad; queremos seguir adelante, pero no podemos, ¿por qué?, porque sucede algo que tiene que ver con la dependencia y allí mismo se crea una adicción. Somos adictos, lo cual significa que hay algo afuera que nos domina, que no podemos vivir si no consumimos eso. Nadie ha sido adicto a su mano derecha, a su pie izquierdo, a su hígado, porque somos adictos siempre a algo que está afuera, a todo lo que, en definitiva, no pase por nuestra conciencia, por nuestra capacidad de decidir con poder. Y aquí empezamos a hablar de lo que queremos y de lo que no queremos. Lo importante es entender que, cuando alguien es adicto, automáticamente pierde su poder. Los superhéroes no son *adictos* porque tienen ubicado su poder en el centro de su ser; saben cuál es este y se reconocen como poderosos. Entonces, de alguna manera, no hay chance de que la adicción crezca. La gente poderosa que no es adicta ni dependiente es la que conoce su verdadero poder.

¡Y aquí vemos la palabra *empoderarse*! Cuando hablamos de empoderamiento, hablamos de entender nuestro poder personal, de entender que estamos necesariamente capacitados para verlo, registrarlo, hacernos cargo, usarlo sin dejar que nada externo lo tenga. Porque, si no tenemos nuestro poder, se lo vamos a dar a otro, y ese alguien está afuera. Entonces, si ustedes creen que son dependientes emocionales, lo que les estoy tratando de decir es que no están haciéndose cargo de su verdadero poder. Y están usando como excusa la dependencia emocional de algo que viene de afuera, para no hacerse cargo de lo que viene de adentro. Después vienen los motivos... millones de excusas, razones, circunstancias, heridas de todo sistema de creencias, o lo que quieran, para negarnos a ese poder. La humanidad entera es dependiente emocional, es adicta. Entonces, si cada vez somos dependientes de alguna cosa, llámese necesidad de una historia de amor bonita, necesidad de que tal vez nos llame después de tener sexo, necesidad de casarnos, necesidad de tener la historia que tiene mi compañero/a de trabajo de al lado, necesidad de lo que sea, cada vez que nosotros decimos: "Tengo la necesidad de que esto me suceda", estamos disolviendo nuestro poder.

Las "historias de amor bonitas", como suele llamarlas, forman parte de un sistema donde, de alguna manera, lo único que se hace es restarle poder al ser humano. Cuando nosotros podemos vivir a conciencia, con el poder personal bien ubicado, no solamente tenemos relaciones e historias de amor bonitas: amamos de verdad, y es distinto. Y la verdad es que, cuando uno ama de verdad, no le importa si es una historia de amor bonita o no, porque uno está amando: no está queriendo cumplir con un capítulo de la telenovela. Pero de eso solamente nos damos cuenta cuando tenemos la posibilidad de entender que somos un engranaje más de algo mucho más grande que, en definitiva, correspondió a esta misma repetición: dependencia, adicción, pérdida de poder. ¿Cómo vamos a ser superhéroes humanos si todo el tiempo estamos perdiendo nuestro poder en manos ajenas? Día a día, paso a paso, segundo a segundo, algo nos está quitando poder permanentemente: de eso hablamos cuando hablamos de dependencia emocional. En definitiva, el problema es muchísimo más grande y tiene que ver con el poder personal de cada uno de ustedes. Si uno estuviera en el lugar en el que tiene que estar, el poder personal no se estaría *rifando* por ninguna causa.

Dependencia emocional implica adicción, término que, etimológicamente hablando, significa "no poder hablar": *a dicción*. Cuando no hablamos, cuando no nos reconocemos, cuando no sabemos quiénes somos, *rifamos* nuestro poder y lo ubicamos en otro lado, en el afuera. Entonces, lo único que estamos tratando de hacer aquí es entender que tenemos que corregir la distorsión. Romper el hechizo implica correr una distorsión, quitar la piedra. Bajo dos pautas muy marcadas: hacia la libertad y hacia el amor... siempre con esas dos consignas: libertad y amor. La conciencia, la libertad y el amor forman una tríada, que vamos a tener como bandera cuando queramos empezar a disolver este hechizo que, en definitiva, nos está alargando el trayecto. Ya no hay tiempo para seguir con la piedra en el camino. Solamente a través de la conciencia, la libertad y el amor, podemos empezar a barrer, purificar y corregir la distorsión. En definitiva, lo que estamos tratando de hacer es volver a alinearnos, y así retomar el poder.

Necesitamos entender dónde está ubicado nuestro poder: si lo tenemos afuera, vamos a ser adictos y dependientes emocionales; si está adentro, vamos a empezar a hacernos cargo, con responsabilidad, de quiénes somos realmente y de quiénes queremos ser.

Once pasos para empezar a disolver este hechizo

1. Autorregistro

Me siento conmigo mismo y empiezo a mirarme. Cuando alguien es dependiente emocional, lo único que hace es mirar afuera porque es lo único que considera importante. Por ejemplo, mira el celular a ver si lo llaman. Los adictos mienten, distorsionan la realidad: "No lo puedo controlar, no lo puedo manejar"; "Solamente son los fines de semana"; "No me ama"; "Yo les juro que me ama; está muerto de amor por mí. No me llama desde hace tres semanas, pero, bueno, está ocupado". Entonces, cuando nos autorregistramos, nos vamos a encontrar sí o sí con un camino y con una decisión. El camino y la decisión tienen una pregunta: ¿esto es verdad o mentira?

Pero el camino hacia la verdad es muy duro y muy cruel, y a la vez necesita mucho coraje. Entonces, yo les pido que, por favor, en este primer paso (el paso del autorregistro), se miren, pero con verdad, sin la mentira. Y, si no pueden, por lo menos háganse la pregunta: "¿Esto es verdad o mentira?, ¿de qué me está distrayendo esta mentira?". Puede ser que no me esté haciendo las preguntas adecuadas, o que siempre me haga las mismas, y sea lo suficientemente lista para contestarme lo que yo quiero. Háganse las preguntas adecuadas y las preguntas que lleven a la verdad, no al lugar cómodo en donde reina la mentira.

2. Conciencia absoluta

Necesitamos conciencia absoluta de quiénes somos para hacernos cargo de nosotros mismos, para tomar el toro por las astas y hacer lo que mejor nos convenga. Somos la verdad, nuestros propios maestros siempre, y esta conciencia es la más importante que vamos a tener.

3. Sanación o reparación

En este sentido, primero nos vemos; después entendemos que tenemos la responsabilidad de hacernos cargo de eso que observamos y, finalmente, vamos a tener que ser lo suficientemente valientes como para también comprender que aquí hay un proceso de sanación que hay que iniciar. El proceso de sanar la dependencia emocional dura años... mucho tiempo. Como proceso, no se hace pronto (solo a veces), con la toma de conciencia, con la voluntad, entendiendo que ya venimos en una gran búsqueda. Cada uno va a saber en qué parte de este camino está. Me imagino que habrán empezado, estarán empezando, o estarán en el primer día, o en el último... no lo sé. Pero este proceso de sanidad y de reparación implica muchas etapas y cada uno sabrá cómo lo estará pasando. Corresponde también mucha terapia, muchas clases de terapias diferentes, porque entendemos que, en este momento de nuestra vida (en que nos estamos volviendo multidimensionales), no es suficiente una sola forma.

Muy probablemente, esta dependencia del afuera y esta falta de mirada interna y de reconocimiento del propio poder no viene solamente de ahora, no es solamente porque papá o mamá me quitaron atención. Esto viene de mucho tiempo atrás, de muchas vidas atrás. Necesitamos hacer espacio para lo que viene, porque en este momento estamos ayudando a la Tierra en un proceso de purificación de todas nuestras vidas. Entonces, ¿por qué hacemos terapia?, porque estamos limpiando todos nuestros cuerpos: físico, emocional, kármico, cuántico.

Tenemos que empezar a unir las piezas del rompecabezas para entender quiénes somos realmente, ¿y quiénes somos realmente?, un conjunto de un montón de circunstancias, vidas, dimensiones, planos, etc. Van a tener que convertirse en detectives de su propia historia.

4. Repetición

¿No les pasa que, cuando inician un proceso de sanación, empiezan a repetir cada vez más el tema por el que fueron a consultar? Lo repito, lo repito... ¿Qué pasa si, supuestamente, me estoy sanando, pero yo estoy repitiendo a una escala muchísimo más elevada esto que me fue pasando? Parece que es una repetición constante de la escena en la cual no podemos avanzar. Salir de allí es, justamente, romper el hechizo. Tenemos que observar con conciencia la repetición que crea nuestra mente. Repito la misma escena que me corrobora el hechizo del que creo que tengo. Entonces, como creo que tengo ese hechizo, sigo repitiendo la escena. Entonces, voy a darme la razón porque lo único que hace la mente es darnos la razón permanentemente. Creo que la terapia no está funcionando; le echo la culpa al destino, a mamá, a papá, al universo, a lo que sea. Sigo echando culpa. Cada vez que echo culpa, vuelvo a *rifar* mi poder, que se vuelve a ir. Ya perdí el poder que había, de alguna manera, incorporado a cuentagotas. Y repito la historia. Necesitamos sí o sí vernos repetir esa escena como si fuera verdad... siempre la misma.

Salgamos de la escena, mirémosla desde la butaca y empecemos a entender las partes. Veámoslo, entendámoslo, comprendamos qué es lo que estamos haciendo cuando lo estamos haciendo. Esto solo se disuelve con la conciencia. Tengan más información de ustedes mismos, de cómo funcionan, de cuáles son los pasos que siguen. No van a salir sin información de ustedes, si no se conocen. Cuanto más se repite la escena, más conciencia van a tener y, si tienen más conciencia, más chance tendrán de salir de allí. Este proceso se va a repetir tantas veces como necesidad de conciencia ustedes tengan.

5. Prueba y error

Tiene mucho que ver con el paso 4; es aceptar el error como parte del camino. Gracias al error, yo obtengo la conciencia suficiente para que haya una repetición menos, de estas que hablábamos en el paso anterior. Entonces, el error forma parte del camino de la conciencia. Gracias al error, podemos tomar conciencia de cómo es la repetición y, si tomamos conciencia de cómo es la repetición, podemos frenarla.

Vamos a salirnos de la peli, a observar la escena y a decir: "Okey, mi patrón es este, mi escena es esta". A la vez, vamos a seguir con el punto número 3, que es la sanación: todos esos patrones que, en definitiva, nos están atando a esa escena del horror.

6. Laboratorio vida

¿Qué significa "laboratorio vida" ?, significa que tenemos que empezar a mirar nuestra propia vida con una nueva perspectiva. Cuando uno es pequeño, tiene la perspectiva de que su vida va a ser lineal, va a cumplir con los requisitos, los mandatos, o lo que quieran. De alguna manera puede tener como un alcance de lo que es una vida estándar; mi mamá, a los diez años, tenía delineada toda su vida: no había muchas maneras de correrse de ahí.

Cuando uno tiene una perspectiva de su vida como si fuera un laboratorio, puede sentirse que es un mago, un alquimista y que va a poder sacar, poner, cambiar, transformar, manifestar lo que quiera.

Sin nada estable delineado (como la supuesta vida perfecta que yo me encapricho en tener) y entendiendo que mi vida es un laboratorio donde puedo hacer lo que quiera, el poder es mío, el poder está en mí y en cómo yo utilice los tubos de ensayo.

En cambio, antes no teníamos una perspectiva de laboratorio: teníamos una vida pautada. Y, cuando no encajábamos en esa pauta y cuando nuestra vida no estaba delineada bajo esos mandatos, sufríamos. De esta manera, pensábamos que nuestro final no era un final feliz, y tratábamos de adecuarlo a como diera lugar a ese supuesto final feliz donde había que llegar. Pero, cuando uno ve su vida como un laboratorio (donde, en definitiva, todas nuestras experiencias y todos los experimentos que hacemos nos van convirtiendo en un nuevo yo), así se constituye la alquimia. Pasamos del barro al oro... estamos todo el tiempo transmutando. Si entendemos que cada experiencia es una perspectiva de transmutación distinta para hacer un nuevo yo, no hay error: todo es ganancia. No hay un lugar adonde llegar; no hay una linealidad porque el tiempo lineal no existe: existen solamente la experiencia de transformación y el tiempo presente.

Eso es un laboratorio. La perspectiva del laboratorio de vida hace dos cosas: da responsabilidad; por lo tanto, te da poder; da libertad porque, cuando tenemos poder, tenemos libertad.

7. Ser escritor de tu propia vida

Convertite en escritor, en cineasta, pero de tu propia historia de vida. Escriban sus propias vidas desde una perspectiva de sanidad, de conciencia, de inteligencia, comprendiendo a ese personaje, a ese protagonista. ¿Qué le habrá pasado para ser así? Si es así a los 45 años, ¿qué le pasó antes?, ¿qué le pasó a los ocho años?, ¿de qué historia pasada viene?, ¿cómo es que se viene repitiendo este patrón vida tras vida, año tras año, situación tras situación, relación tras relación? Sean directores en su propia película, pero a nivel global; los directores de la película no ven una sola escena: ven todo. Cuando uno es director de su propia película, sabe todo.

El director tiene mucha información; es más: sabe cómo es cada uno de esos personajes que tiene la película. Los entiende; tiene información de sus infancias, de por qué son así, de por qué están ahí. Entonces, para romper el hechizo, conozcan al protagonista de su película, al principal, o sea, a ustedes mismos. Conozcan la historia (pero como si fuera un cuento), y escríbanla. Dejen el llanto, la queja, la culpa y la irresponsabilidad afuera, y tomen el cargo de escribirla y de dirigirla. De la responsabilidad personal no se vuelve; más fácil siempre es culpar al otro.

8. Reescribir la historia

Si en el paso número 7 escribimos la historia como es, en el paso número 8 la escribiremos como queremos que sea y nos atreveremos con mucho coraje a escribir el final feliz, pero el final feliz inteligente... el final feliz con una conciencia elevada. No el final feliz de las historias de Hollywood. El final feliz de cada uno de ustedes es el cuento de cómo dejaron de delegar el poder en otro y empezaron a hacerse cargo de su propio poder. Y entonces cuentan su vida y cuentan la misma historia que en el paso 7, pero con la resolución feliz.

9. Romper el contrato

¿Qué significa *romper el contrato*? Cuando uno es dependiente emocional, existe un contrato establecido entre uno y el otro por el motivo que sea: lealtad cósmica, lealtad kármica, lealtad familiar... no importa: siempre hay una lealtad en el medio. Quizás no entendemos de dónde viene esa lealtad, pero sí es necesario descubrirla y que podamos entender que ese contrato llegó a su fin. Muchas veces hay lealtades escondidas, pactos y contratos que hemos firmado en algún otro tiempo que hacen que uno no pueda cortar con esa adicción y con esa lealtad. Entonces, cuando uno tiene las dos historias escritas (porque ya a esta altura tenemos las dos historias: la historia del dependiente y la historia del libre), nos vamos a dar cuenta de que la diferencia entre una y otra son los contratos que todavía uno no rompió Y así, cuando ya escribimos la del final feliz, lo único que hace falta es que tomemos el contrato que tenemos con esa dependencia y lo rompamos, porque ya queda sin efecto, porque ya tomamos el poder, porque hemos entendido de dónde viene ese pacto, esa lealtad. Y, como ahora tenemos que alivianarnos, ese contrato ya no sirve más.

10. Actuar el final

Esto es muy entretenido y es una invitación sumamente arriesgada, pero divertida. Les propongo que no solo escriban y dirijan sus nuevas vidas, sino que actúen el final feliz. Uno de los pasos fundamentales para poder vivir ese final feliz es actuarlo antes. Les vamos a dar información a nuestras células de que eso puede ser; entonces, nos vamos a convertir en actores, como si estuviéramos en una clase de teatro, y fuéramos a actuar nuestra nueva vida. Ese final rescrito, con esas células reprogramadas, va a ser realidad, porque yo ya impregné de esa información cada una de mis células y mi mente que, así, lo va a poder crear. Actúen lo que quieran vivir, y van a vivirlo. Pero actúen desde la posibilidad de ser felices amorosamente, tratando de entender una relación con libertad, y no con dependencia.

11. El propósito de mi hechizo fue...

Yo quiero que en este paso cada lector escriba para qué les sirvió tener ese hechizo encima tanto tiempo, cuál fue el propósito que tuvo. Cuando uno busca el propósito del hechizo y lo encuentra, encuentra la chance y la llave fundamental, de oro, para salir de ese lugar. Porque siempre el hechizo fue amor, siempre estuvo ahí para darnos el tiempo necesario y suficiente que hizo que pudiéramos conocernos, que hizo ver quiénes éramos en realidad, que nos hizo seres humanos más concientes, más amorosos y más libres.

El propósito de mi propio hechizo fue llegar hasta acá y poder contarles todo esto. Tardé muchos años, muchos. Todo solo está bien. Todo solo es amor. Y todo solo tiene un propósito: que seamos más concientes, más libres y más capaces de entendernos. Cuando uno se entiende, deja de sufrir, deja el dolor, el drama. La historia deja de ser trágica, y se convierte en comedia.

CAPÍTULO 3

Esencia y personaje

Cuando yo era chica, muy chica (les estoy hablando de tres, cuatro, cinco, seis, siete años hasta, más o menos, los diez u once), no podía ver nada, nada, absolutamente nada que tuviera la cara tapada.

Mi mamá siempre cuenta que, en Barracas, en Buenos Aires, pasaba la murga por la avenida, y siempre me llevaban a verla. Cada vez que veía a alguien disfrazado, directamente, vomitaba. Lloraba a mares. Señalaba a los que estaban disfrazados y vomitaba... lloraba y vomitaba. Lo mismo me empezó a ocurrir con los payasos. No podía ver un payaso, o uno de esos en las ferias que están disfrazados como el Oso Yogui. Si los veía, también lloraba y vomitaba. Hacía un escándalo. Nunca lo entendí, ni mi mamá, ni mi papá, ni los psicólogos, ni las maestras. No podía soportar a nadie que no mostrara su cara. Simple. Transparente.

Después comprendí que me había transformado en una corredora de velos profesional, y que lo único que estaba haciendo era manifestar mi terror al no ver la esencia de una persona. No ver la verdad. Yo no podía entender cómo alguien necesitaba transformarse, disfrazarse. Entonces, cuando empecé este camino, se me vino la imagen de Lorena chiquita, gritando cuando veía que alguien estaba disfrazado o usando una máscara. Y me dije: "Claro, lo único que hace la espiritualidad, o si hay algo que se llama *espiritualidad* (porque todos somos espirituales y todos estamos viviendo una experiencia física, pero a la vez espiritual, emocional), es correr la máscara: no importa nada más".

Por este motivo, lo que tenemos que hacer en este momento particular del mundo es quitarnos la máscara de encima. Pueden decirme: "Ay, Lorena, bueno, sí, pero yo soy retransparente y te juro que no tengo filtro. Cuando tengo que decirte una cosa, te la digo, no me importa nada. Yo no vivo con la máscara puesta". Pues sí, todos tenemos una máscara que quitarnos o muchas máscaras que quitarnos en diferentes momentos de nuestras vidas, porque tenemos casi una sola misión: llegar a la esencia.

Miren si hay capas, máscaras, disfraces por quitar para llegar ahí, al núcleo, eso que solamente tiene que ver con nuestra alma, con nuestro espíritu, con lo que somos, independientemente de todas las *capas de cebolla* que nos han puesto, y que nos hemos puesto.

Este capítulo está justamente pensado para que empecemos a quitarnos todo eso que nos separa de quiénes somos realmente. Porque, cuando ya somos concientes de que tenemos que quitar y quitar y quitar y quitar disfraces, cada vez más, sí o sí, nos vamos acercando a nuestro origen.

Pero para eso tenemos que identificar, como les decía, que estamos viviendo un proceso de la Tierra sumamente interesante, sumamente desafiante, sumamente inspirador. Ese proceso de la Tierra tiene que ver justamente con entregar más luz al planeta. Está entrando más luz desconocida al planeta y, cuando entra más luz a un lugar, ¿qué pasa?, tenemos más información.

Recuerden esto: la oscuridad es solamente falta de luz, por lo tanto, es solamente falta de información. Si está entrando más luz desconocida al planeta, no es que nos estamos volviendo todos más buenos, sino que estamos reconociendo partes que antes no reconocíamos porque no teníamos esa información. Estamos volviendo a ser quienes verdaderamente somos y, por lo tanto, eso que permanecía en oscuridad se diluye. La oscuridad no puede hacer nada ante la luz, porque solamente forma parte de esta. Siempre hay luz. Siempre.

Entonces, cuando tenemos más información, estamos más cerca, ¿de qué?, de la verdad.

La mentira también es falta de luz, falta de información. Cuando nos tapamos la cara, hay una información, que son mis verdaderas facciones (que no estoy mostrando).

Así, todos, en este cambio planetario tan importante que estamos haciendo en este momento, estamos recibiendo más información. El planeta entero está recibiendo más información, para que, precisamente, sea mucho más fácil el proceso de dejar en descubierto lo que verdaderamente *es*. En el camino sufrimos, aprendemos, sanamos, ¿por qué?, porque estamos diluyendo lo que no es, lo que durante siglos y siglos y siglos y siglos fue una distorsión. Entonces diluimos lo que no es, para que lo que es salga a la luz. Eso es lo que estamos haciendo.

Todos y cada uno de nosotros tiene una identidad aprendida. Yo tengo una identidad biológica que no conozco, porque soy adoptada. Tengo una identidad luego en mi adopción, que es la identidad que tú y yo conocemos. Cada uno de ustedes tendrá una identidad distinta; la habrán elegido o no... no importa. El tema es que ahora nos corresponde *desidentificarnos*, porque la identidad hasta ahora estuvo basada en un programa de tercera dimensión. Entonces, lo que sigue es decir: "Okey, ¿cómo vamos a seguir con nuestra vieja identidad en una frecuencia que es absolutamente nueva, donde tenemos más información, donde, justamente, estamos haciendo una mudanza de un viejo mundo a un nuevo mundo?". ¿Corresponde que sigamos cargando con nuestra vieja identidad cuando ya estamos en otro a nivel energético? ¿Y qué pasa si seguimos cargando con lo viejo cuando ya estamos entrando en lo nuevo?, nos rompemos. Sí, nos rompemos. No se puede.

Pero ¿qué pasa? Ahí empezamos a decir: "No, no, no, porque yo soy Lorena Bassani, periodista; yo soy Lorena Bassani, la que vive en Barracas; yo soy Lorena Bassani, la que tiene fobia a la naturaleza".

Esa es la creencia de todo el cuento que me fui contando de quién es Lorena Bassani, como cada uno fue contando el cuento de quiénes son ustedes, de lo que necesitan, de lo que les gusta, de lo que no les gusta, de lo que pueden, de lo que no pueden. ¿Se dan cuenta de cómo hasta ahora estuvimos desconectados debido a todo ese cuento de la vieja identidad que decidimos creer?

Entonces, dijimos que tenemos una identidad, que esa identidad está tambaleando en estos momentos, porque la Tierra también se está moviendo. Y también se está moviendo nuestra concepción acerca de quiénes somos. Parece que lo que nos gustaba antes ahora ya no nos gusta, o viceversa. En consecuencia, estamos moviéndonos permanentemente de un lado al otro, lo cual genera mucho estrés, dolor, sufrimiento, incertidumbre, inestabilidad, inseguridad: las viejas formas a las que nos aferramos (nos daban contención y cariño) no van a estar más. No van a estar más, porque el mundo tal cual lo conocemos no va a estar más.

Nuestro cuerpo también está mutando, literalmente, de carbono a silicio. Nuestro ADN está mutando. Por eso, nuestro cuerpo no está pudiéndose adaptar, ¿por qué?, porque está tratando de integrar y asimilar la nueva información que está entrando a través de la luz que viene desde el sol. Nuestro cuerpo está mutando gracias a esa información nueva que está activa en los códigos que habían permanecido dormidos. Entonces, es imposible que no mute, y no duela, y no se sienta incómodo, y no se sienta molesto. Por consiguiente, esa también es una vieja identidad que vamos a tener que despedir. Este capítulo habla precisamente de cómo empezar a despedir la vieja identidad para recibir a nuestra esencia, y amar justamente desde la esencia, y no desde el personaje.

¿Qué ha pasado durante todos estos años? Nosotros no éramos concientes de esta identidad prefabricada que nos armamos porque, al ser actores, no éramos observadores y, al no ser observador, no somos concientes de la identidad que cargamos.

Soy la que eligió encarnar en este momento para hacer puntualmente lo que está haciendo ahora. Pero soy un ser mucho más grande, y todos ustedes también. No nos han acostumbrado a mirar con perspectiva, y entonces parece que, si yo soy Lorena Bassani, y me creo que soy periodista, y en un momento no soy más periodista, que no soy más yo, es porque estoy muy identificada con lo que creo que soy. Y vamos a tratar acá de pensar en nuevos conceptos sobre quién es uno.

Soy una experta para hablar del tema: 44 años con la pregunta de quién soy yo en realidad, con esto de lo biológico, lo adoptivo. Imagínense... ¡sé lo que es hablar de identidad! Ahora ustedes se dirán: "Okey, ¿soy yo quien creo que soy? ¿Quién soy? ¿Qué hago con lo que soy? ¿Qué pasa si me aferro mucho a lo que soy y en un momento me sacan una de las fichas del rompecabezas?". No soy más. Sufro. Me apego. Me quitaron el trabajo. Me quitaron la silla. ¿Dónde me siento? No soy más, no existo. ¿Desde qué lugares existimos? ¿Desde qué lugares amamos? ¿Desde qué lugares somos?

Entonces, lo interesante es que empecemos a hacernos todas estas preguntas acerca de la identidad, la esencia, el personaje: qué estuvimos haciendo hasta ahora; desde qué lugares estuvimos amando (si es que todavía no nos pusimos a pensar si eso que hicimos fue amar). Supongamos que estuvimos amando… ¿desde qué lugares estuvimos amando? ¿Desde qué caretas? ¿Desde qué personajes? ¿Cuántas veces nos pusimos la máscara y salimos a decir que éramos completamente honestos con el otro?

Me atrevería a decirles que el ser humano basó su realidad amorosa fundamentalmente desde el personaje, y no desde la esencia. Y ahora estamos haciendo este cambio trascendental para ver si podemos construir nuevas parejas que amen desde la esencia, y no desde el personaje. Esa es la nueva creación. La nueva construcción.

Antes, nosotros, personajes chiquitos, todavía no autorregistrados, ni autoobservados, íbamos a la primera cita completamente maquillados. Nos sentábamos y empezábamos a decir: "Hola, sí, ¿qué tal?, ¿cómo estás?", "Ay, sí, sos de Aries, como mi papá", "Ah, sí, mirá, yo soy géminis", "Ay, como mi mamá, ja, ja, ja". En el mejor de los casos, nos casábamos y teníamos hijos.

El personaje, sin registro ni conciencia de personaje, sin hacer el trabajo de despejarse y de entender quién es realmente, se hacía el lindo con el otro, otro que muchísimo menos tenía autorregistro, muchísimo menos tenía conciencia. Se daban besitos, tenían sexo, formaban familia. Y así tenemos núcleos de familias donde un personaje se casaba con otro personaje, armaban familias desde el personaje, construían comunidades, países, continentes enteros, desde el personaje, y no desde la esencia. Luego se separaban y morían.

Entonces, a mí siempre me preguntan por qué esto no funciona ahora, qué es lo que está pasando. Estamos amando desde los mismos lugares poco verdaderos, contaminados y absolutamente distorsionados de siempre, sin conciencia de lo que estamos haciendo, porque no sabemos quiénes somos y, como no sabemos eso, no nos convertimos en expertos en nosotros mismos (y todavía estamos tratando de buscar cuál es nuestra verdadera identidad y dónde está nuestra esencia). Hacemos la parodia nefasta de juntarnos con otro que tampoco sabe quién es, ni es experto en sí mismo, que tampoco sabe dónde está su esencia y lo único que hace es repetir un cuento. Y, cuando esos dos cuentos se repiten, siguen formando el mismo cuento de terror que generaron sus familiares, sus ancestros, su linaje. Y, así, no hay manera cierta de crear ningún nuevo mundo.

¿Cómo vamos a crear la nueva Tierra? ¿Cómo vamos a crear el nuevo mundo, si seguimos repitiendo los viejos patrones de los viejos personajes que nunca hicieron nada bueno? Todo eso ocurre porque nunca nos tomamos el tiempo de mirarnos al espejo y preguntarnos quiénes somos. ¿Lo hicieron alguna vez? ¿Se sentaron frente al espejo, se miraron y se preguntaron: "¿Quién eres?, ¿dónde está tu esencia?, ¿cuál es tu personaje?"?

La misma chiquita que no podía ver muñecos ni payasos creció un poquito más: 14 años. Un día, llamó a su mamá y a su papá, y les dijo: "Vengan, vengan a mi habitación". La mamá y el papá fueron a su habitación, y encontraron dos espejos enfrentados. Uno agarró el espejo del baño chiquito, y otro, el espejo de maquillaje. Les dijo: "Mamá, papá, mírense durante unos minutos. ¿Son quiénes de verdad querían ser cuando eran chiquitos?". Ellos se miraron diciendo: "¿Por qué es tan rara esta nena?". No entendieron: con ellos hice la primera vez el ejercicio del espejo que hago siempre.

Cuando digo que no hay más tiempo, no lo estoy diciendo de una forma poética. Ahora es en serio. Y esto de que no haya más tiempo tiene que ver con que hay una transformación inminente. Y esta transformación inminente implica el mayor grado de verdad de cada uno de nosotros. Y, para eso, sí o sí, nos vamos a tener que quitar la máscara de encima, reconocer cuál es nuestro personaje y también reconocer cuál es nuestra vieja identidad, esa identidad que finalmente vamos a tener que despedir, porque estamos transicionando, nos estamos moviendo hacia otra nueva frecuencia.

Lo bueno de estar en grupos y en comunidades (donde verdaderamente nos podemos sentir identificados con lo nuevo) es que todos estamos teniendo una frecuencia parecida que nos permite trabajar ciertos temas que en otros lugares no es posible, ya que esto genera un desequilibrio, un desacomodo, un sufrimiento. Entonces, quiere decir que todo tiene que ver con la vibración que decidamos adoptar. Por eso, vamos a tener que empezar a preguntarnos quiénes somos realmente, desde qué lugares hemos amado; a identificar la manera de conectarnos con nuestra esencia, con nuestra verdadera identidad, y recién en ese momento poder ir al encuentro con un otro que también sepa, o que por lo menos esté en la búsqueda de quién es en realidad.

Cuando dos personajes se juntan y hacen la parodia de la pareja perfecta y de la familia, verdaderamente, nunca se conocieron. ¿Nunca escucharon decir: "Me separé de fulano y recién ahora me doy cuenta de que es un hijo de puta"? ¿Por qué pasa eso?, porque, mientras estaban tratando de seducir, de conquistar, mientras estaban en la escena de la pareja, estaban montados en el personaje, lo que hace que cada uno ocupe el rol que tiene que ocupar. Siguieron hasta donde pudieron, pero después salen de debajo del escenario, y esa máscara se empieza a caer y, en algún momento, por chispazos, aparece la verdad. Y entonces empezamos a entender que, cuando tenemos pareja, vamos al encuentro de un otro generalmente en modo enmascarado, y no a desnudarnos porque, si nos desnudamos, parece que estamos expuestos, vulnerables, sensibles. Nos acostumbramos también a pensar que, si uno se expone, el otro nos va a pegar un tiro. Así es cómo empezamos a construir una máscara, más resistente, más fuerte, con otras características.

Tenemos que pensar desde qué lugares amamos cuando amamos, desde qué lugares conocemos a otros y, cuando conocemos a otros, qué les permitimos ver de nosotros mismos, qué nos permitimos a nosotros mismos ver de nosotros mismos. Muchas veces el otro no puede acceder porque nosotros mismos no podemos acceder, nos convertimos en impenetrables para nosotros mismos, en una mentira, en el cuento que nos contaron.

Estamos muy acostumbrados a seducir, a manipular, a controlar solamente por protección. Si seducimos, tenemos el control; si manipulamos, tenemos el control; si tenemos el control, tenemos la falsa ilusión de que va a doler menos.

Cuando venimos al mundo como encarnación, se pasa de un estado a otro más denso. Pero esa misma lucecita que permanecía en estado etérico se transforma y pasa de luz a densidad; esta toma la forma de cuerpo físico, y ese cuerpo físico empieza a hacer crecer esa lucecita (que es nuestra esencia y está integrada a nuestro cuerpo). Empezamos a crecer y empezamos a crecer, y somos esencia. Somos esa lucecita que estaba en el universo descansando y vino a encarnar a la Tierra porque tenía cosas que hacer. Al principio es pura esencia. Y esa pura esencia llega, empieza a recibir condicionamientos, mandatos, deberes, programaciones, etc. Todo se vuelve cada vez más complicado, y empieza a generarse el personaje. La esencia que permanece allí se va corriendo cada vez más, porque el personaje es el que puede con las heridas emocionales que ese humano está empezando a identificar.

La esencia no enfrenta a las heridas: el que puede con las heridas es el personaje, porque actúa como escudo protector. Entonces, para sobrevivir, la esencia genera un personaje que, hasta un determinado momento de su conciencia, va a proteger.

Pero, en otro momento de la conciencia, cuando este humano ya es más grande, la esencia dice: "¡Hola, quiero volver! ¡Acá estoy! ¿Qué pasa que no vuelvo a reinar si yo estoy acá, este ser es mío?". Pero el personaje ya se ocupó de todo. Y, así, empieza una especie de guerra fría silenciosa dentro de nuestro propio ser, y empezamos a debatirnos entre la esencia y el personaje, entre lo que realmente viene de tiempo atrás y con esto que creamos acá para defendernos de un montón de heridas que generaron mamá, papá, el colegio, la compañera del banco de al lado, etc.

Y así crecimos y así nos mantenemos, y llegamos a los cuarenta y pico de años con el personaje a full en su mejor momento, creyendo que es lo único que hay cuando, en realidad, no es así; cuando uno no es eso y te dice: "Pero es mi personalidad, ¡yo soy así!". No eres así: ese es el personaje que te generaste para sufrir un poquito menos. ¿Dónde está tu esencia?

Entonces es cuando empezamos a preguntarnos: "¿Quién soy yo realmente?, ¿soy esto que se defiende?, ¿soy esto que no se defiende?, ¿soy esto que pone límites?, ¿y esto que no pone límites?, ¿dónde estoy?, ¿hay alguna manera de crear un nuevo yo o ya está creado e inamovible?, ¿ya no puedo transformarme más?".

Si nos entra más luz, tenemos más información; se nos expanden las células y los códigos sagrados. Empezamos a conectarnos más con esta esencia que ya estaba conectada con la fuente. Podemos cambiar, podemos expandirnos, podemos empezar a descubrir nuevas partes nuestras y que esas verdades sean integradas, completadas, abrazadas, reconocidas para, desde esas verdades, empezar a ser más honestos.

Tenemos que pensar cuáles son las creencias limitantes con respecto a lo que nos decimos.

Cuando uno empieza a preguntarse sobre su esencia, lo primero que hacemos es llevarlos al lugar de la infancia en el estado más puro que recordemos y, generalmente, esos niños todavía no fueron (en el mejor de los casos) distorsionados. Pero hay un momento en la infancia en que uno cambia de esencia a personaje, y es normalmente donde empieza a ubicarse la herida. Si venimos siendo esencia, aparece la herida, y creamos el personaje, y el personaje empieza a comernos. Y también nos pone a la defensiva. Así como consideramos muchas veces al otro como un peligro, y nos escondemos para defendernos y para que no nos duela, cuando nos quedamos solos, también duele. ¿Le podemos decir al alma que se quede tranquila?, ¡no! Hay algo que no podemos frenar, que es nuestra evolución como alma. ¿Te va a doler? ¡Y claro! A uno le duele que determinada persona la siga o no la siga, pero hay algo más grande y superador que tiene que ver con nuestra propia alma y con nuestro propio camino, y cada vez más, si seguimos caminando, vamos a ser más esencia que personaje y, muy probablemente, cada vez más haya menos esencias para compartir la cena, y cada vez más vamos a tener que ir soltando esa vieja personalidad de apegados: "Me apego a esto, y cumplo". Vamos a ir soltando e incorporando nuevos códigos que tienen que ver con nuevas formas de ser más libres y más amorosas, indudablemente más luminosos.

Y este es el camino del alma, y esto viene pasando desde hace millones de millones de años con nuestra propia alma. Fuimos evolucionando, desencarnando, encarnando. Entonces, lo interesante es empezar a aceptar no usar el personaje de acuerdo a cómo nos convenga, porque no vamos a poder sostenerlo. El personaje está justamente para verlo y para identificar que todos estamos siendo todas nuestras partes distorsionadas, ¿las tenemos que odiar?, ¡pues no! Amamos también esas partes porque todas nos trajeron hasta acá, y somos quienes somos, y pudimos sobrevivir gracias a estas.

Si yo no hubiera sido la omnipotente, soberbia que soy, el personaje no hubiera hecho nada de todo lo que hice hasta ahora, gracias a esa Lorena que yo amo también... ¿cómo no la voy a amar si me trajo hasta acá? ¿Ahora tengo que seguir aferrada a ese personaje horrible toda la vida porque me trajo hasta acá?, no.

Entendemos que todos tenemos un personaje al que estamos por despedir, un personaje que caducó, que tiene fecha de vencimiento, un personaje que no va a estar más adecuado a la nueva frecuencia que está llegando a esta transición planetaria que estamos viviendo, a esta esencia que tenemos que sacar de adentro porque tenemos que vivir desde la verdad porque, si no, no vamos a poder sobrevivir a una frecuencia de más cura, de más amor, de más luz. Nos tenemos que ir depurando, y todo esto de la espiritualidad, justamente, es lo que nosotros pudimos aceptar para empezar a autorregistrarnos, a empezar a vernos y empezar a tener el camino de vuelta hacia casa, hacia nuestra esencia, hacia lo que somos realmente.

Estamos permanentemente en depuración; estamos limpiando los que no somos para poder recibir lo que sí somos. Pero para eso tenemos que vaciarnos porque no nos podemos llenar de luz si no estamos vacíos de lo que no va más, no porque sea bueno o malo, sino porque caducó ese programa. Tiene una frecuencia distinta a la que vamos a adoptar; ya no lo podemos seguir manteniendo. Tenemos que despedir lo viejo que nos estaba distorsionando la verdad y empezar a darle la bienvenida a lo nuevo, que es una frecuencia mucho más pura y amorosa, acorde con lo nuevo que está llegando.

El personaje es una distorsión para un lado o para el otro, en una frecuencia o en otra, más alta o más baja, pero de ninguna manera es lo puro y lo equilibrado. En este ejercicio, muchas veces, el personaje (como buen personaje) se oculta, se camufla, se disfraza. Y, a la vez, pasa lo mismo con la esencia: como hace un montón de tiempo que no estamos en contacto con esta, nos cuesta mucho identificarla.

Por eso es tan importante hacer esta movida, porque creemos que somos lo que no somos; entonces, seguimos actuando desde lo distorsionado.

Las preguntas que hay que hacer son las siguientes: ¿con quién soy personaje?, ¿con quién soy esencia?, ¿cuánto porcentaje hay de esencia del personaje de acuerdo a los ámbitos en los que me muevo y de acuerdo a las personas que frecuento?

¿Qué puedo empezar a hacer para correrme más del lado del personaje y empezar a ser cada vez más desde el lado de la esencia? Todos tenemos que meternos adentro y preguntarnos qué porcentaje tenemos de esencia, qué porcentaje tenemos del personaje, qué es lo que a mí me hace vibrar en personaje, qué es lo que a mí me hace vibrar en esencia y cómo puedo hacer para ir despidiendo, de a poquito y cada vez más, al personaje este que ya no quiero seguir sosteniendo.

Nos vamos despidiendo de los personajes que ya no nos sirven, porque podemos ir quitándonos justamente esta protección de nuestras heridas que teníamos escondidas, que sirvió para un momento de nuestras vidas, pero que ya caducó para lo que sigue. Y para eso necesitamos lograr el total desapego. Convertirnos en maestros del desapego es empezar a entender que solamente tenemos que estar en ciertos momentos y en otros no, que podemos crear la vida que queremos vivir sin el condicionamiento de la vida que hemos vivido hasta ahora.

Entonces, esos personajes quedan viejos, caducos, antiguos, pero los amamos, les agradecemos y empezamos a despedirnos porque vamos a adquirir una nueva frecuencia, una nueva vibración y vamos a estar cocreando una nueva vida. Y, en esa nueva vida, la verdad va a ser la que manda. Y, si manda la verdad, no necesitamos más la máscara. Seamos concientes de la vibración que tenemos, y analicemos de qué manera nos vamos a ir moviendo de acuerdo a las diferentes vibraciones que vayamos teniendo a lo largo de esta vida nueva.

Nada es inamovible: estamos permanentemente en evolución y en cambio; entonces, si nos aferramos a lo que sea, incluso a lo que pensábamos que éramos, vamos a sufrir: nos va a doler, se va a romper algo. Tenemos que empezar a conectar con quienes somos realmente, y eso que somos realmente no está identificado con casi nada de lo que conocemos. Eso que somos realmente no se altera en función de ningún condicionamiento, porque eso que somos es amor y es neutro. Todo lo que pase afuera va a ser absolutamente condicionante, por lo que vamos a tener que empezar a vivir desde adentro, desde esa verdad única de nuestro corazón que está latiendo desde que somos alguien.

Si no entendemos esto, no vamos a poder continuar adaptándonos a los cambios que siguen. Entonces, empecemos a pensar que esta identidad a la que tanto nos aferramos también puede ser una identidad puesta en consideración.

Podemos mirarnos a nosotros mismos desde afuera y decirnos: "Okey, hasta ahora fuiste este/a". ¿Qué pasa si hay otro por descubrir, si hay otro más ligado a la verdad, al amor, a lo que tiene que ver con nuestra identidad?

Me parece que estamos en un momento justo para hacer todas estas preguntas y para que empecemos realmente a correr la máscara y ver que esta esencia siempre nos estuvo cuidando. El personaje nos estaba protegiendo, pero la esencia siempre nos estuvo cuidando.

No tenemos más tiempo para ser quienes no somos, para ser nuestros escudos protectores, para hacer el disfraz, para mentirnos a nosotros mismos, para mentir a otros, para sostener mentiras imposibles de aguantar. Lo mejor que tenemos es nuestra verdad, nuestra esencia. Llevémosla como bandera porque vamos a necesitarla para sobrevivir, porque fue mucho tiempo de esconderla, de guardarla, de preservarla. Ahora es tiempo porque la esencia vuelve a tomar el trono. Somos monarcas de nuestras propias vidas, pero reinemos desde la verdad: desde ese lugar vamos a poder crear la vida que queremos.

CAPÍTULO 4

Abandono y rechazo

Si tuviéramos que hacer un ranking de la herida más nombrada, más reconocida, la que más duele, lo encabezaría la del abandono y del rechazo. Van juntas, unidas. Para sanarla, debemos entender que estamos en un momento en que ya no podemos cargar más con la mochila: está estallada; realmente, está estallada. Lo que vamos a necesitar, de aquí en adelante, es que esa mochila esté más liviana, y para eso hace falta quitar cosas. Por eso se nombran tanto las palabras *desapego, sanación, aprendizaje*. ¿Acaso piensan que son un fraude la New Age, lo holístico?, ¡no! Realmente, necesitamos estar limpios, puros, sanos, para que podamos continuar la etapa junto con la Tierra, que también está haciendo su proceso de purificación. Entonces, si nuestro planeta se sacude y hay terremotos y tsunamis, hay inundaciones, hay fuego, es porque los que vivimos aquí nos encontramos atravesando un proceso igual: la misma depuración, la misma sanación.

Antes vivíamos, crecíamos, íbamos al colegio, salíamos del colegio, nos casábamos, teníamos hijos, seguíamos creciendo, nos íbamos de vacaciones a Mar del Plata, volvíamos, nos peleábamos un poco, nos separábamos, nos moríamos, y listo. Ya está. Antes pasaba eso porque vivíamos sin autorregistrarnos, y lo único que teníamos que hacer era vivir de acuerdo al programa que nos habían instalado. Este programa ya está caducando, y hay algo que lo va a reemplazar. Esto implica un trabajo extra para los que estamos ahora pisando este planeta.

El tatarabuelo que murió no hizo más que lo que hizo el abuelo, el papá, la mamá. Es una generación que vivió para otra cosa. La nuestra es la generación de la transición, porque estamos saliendo de un programa legalizado de tercera dimensión que vibra en una frecuencia y ahora vamos camino hacia un programa que tiene que ver con otra frecuencia, que se llama *quinta dimensión*. De esta manera, todo lo que atravesamos tiene que ver con alivianarnos para subir las frecuencias, y así encajar en el lugar hacia donde se ubica la Tierra. Por eso, dentro de este proceso de transición planetaria que implica gran sanación, purificación, depuración y aprendizaje, estamos tratando de mirarnos para limpiarnos lo más posible, porque la Tierra va a seguir aumentando la vibración. Y, si nosotros somos densos, pesados, y la Tierra nos impulsa para arriba, no iremos a ningún lado.

Esto tiene que ver con energía, frecuencia y vibración. Necesitamos acompañar el proceso que está haciendo la

Tierra, el cambio vibracional. En definitiva, lo que estamos haciendo es repetir situaciones para despertar, para empezar a mirarnos, y entender que quizás hay un montón de cosas que no conocemos de nosotros mismos. Y, en ese camino de no conocer aspectos de nosotros mismos, estamos insertos en un proceso de autodescubrimiento, de autorregistro y de automirada. Estamos mirando casi por primera vez, estamos registrándonos... y eso es maravilloso.

¿Cómo cambia nuestra valoración? ¿Cuál es la nueva valoración que tenemos? ¿Cuáles son nuestras nuevas prioridades? ¿A qué le damos valor ahora? ¿Cuál es la herida de abandono y de rechazo? ¿Cuál es la vida estrella de la desvalorización?

Cuando alguien carga con esta herida, se desvaloriza porque no tenemos ni sabemos el valor que tendríamos que tener sobre nosotros mismos; estamos devaluados, no nos conocemos, no nos registramos. Cuando venimos al mundo, cuando venimos a la Tierra, cuando encarnamos, lo hacemos de manera pura. Venimos de algo que es etérico, y nos *desdensificamos.* Como la materia es muy densa y pesada, nos *desdensificamos,* porque estamos conformados de carne y huesos.

Venimos de un lugar en donde se resguardaba nuestra esencia pura, desde el lugar donde venimos (cada uno sabrá de dónde); esa esencia es intocable, intachable: no se le puede hacer nada. Como conté en el capítulo anterior, la esencia es solo esencia: somos lo que somos; somos amor puro y tenemos, además, una huella, una firma, que nos representa en el universo. Todas las almas tienen una firma particular, como una huella dactilar. Pero, en general, estamos todos formados de la misma materia prima, la fuerza que rige todo lo que existe: el amor. Por eso, al nacer, lo hacemos en ese estado puro, de amor puro, con nuestras particularidades. La Tierra empieza a transformar todo; empezamos a vivir, y en ese momento comenzamos a adquirir lo que se llama *primeras heridas emocionales*.

El bebé viene en estado puro; es esencia. Ahora bien, llega acá, y empieza a socializar: mamá, papá, la escuela, la televisión, la maestra, y empieza a adquirir los primeros golpes. Se gestan las primeras heridas emocionales, generalmente, en la primera infancia, ¿por qué?, las heridas emocionales son, básicamente, abandono, rechazo, abuso, humillación. Hay muchas que compartimos, y otras que son específicas de cada uno. Entonces, es importante identificar cómo ha sido bastardeada nuestra esencia, cuáles fueron las primeras heridas emocionales que hemos recibido y cómo ha sido el personaje que se gestó después de que nuestra esencia pasó por este trauma. Esas heridas emocionales vinieron con nosotros y, hasta que no nos ocupamos de verlas y de sanarlas, siguen generando conflictos, atrayendo la misma situación una y otra vez. ¿Vieron el Pacman?, bueno, la herida es como un Pacman: para seguir viva, necesita comer. Entonces, lo que hacemos es generar situaciones en la vida que la alimenten. Cuando de alguna manera nos empezamos a percatar de que esta herida emocional que está bien alimentada nos está molestando bastante, empezamos a darnos cuenta de que hay que sanarla. Nos dice: "Acá estoy", y recién entonces paramos. Al darnos cuenta de que algo no está bien, algo está pasando, es entonces cuando empezamos a buscar y establecer un proceso de sanación. Hay gente que pasa toda su vida cargando con las heridas emocionales. Se muere así. Y hay personas que se dicen: "Alto, no es necesario".

Cuando yo tenía 11 años, ya entrando en lo que son específicamente estas dos heridas (para mí son una porque tienen las mismas consecuencias), pregunté cómo había nacido (porque, como ya dije, era adoptada), y me respondieron que me habían querido abortar, y el aborto había salido mal, motivo por el cual había nacido así. Esta respuesta fue mucho para mis once años; me dejó sorprendida durante mucho tiempo. Después seguí buscando mi historia; la otra opción era que hubiera sido abandonada, o sea que me habían dado en adopción por otras causas un poco más hollywoodenses. Pero, básicamente, tenía las dos opciones: o me habían querido matar por un aborto que había salido mal (rechazo), o me habían querido abandonar, y de ahí la adopción (abandono).

Teniendo la viva imagen de la herida de abandono y de rechazo en el mismísimo momento de mi nacimiento, ¿cómo no me iba a ocupar de trabajar con esta herida?, ¿cómo no me iba a ocupar de entenderla si fue la que cargué en mi espalda desde que nací (noviembre de 1978)? Abandono y rechazo: en una me habían querido matar; en otra solamente me habían abandonado. No importa si fue desde el nacimiento, si fue a los dos años, si fue a los tres, si fue a los quince. Hoy les puedo decir que esa herida ya la superé, porque les puedo contar esto de esta forma, casi riéndome. Porque esta herida en la que he trabajado tanto durante 44 años ya no tiene el peso que tuvo para mí durante la mayor parte de mi vida. Imagínense lo que fue para una niña de 11 años recibir toda esa información: "No te quisieron", "Te quisieron matar, y ni siquiera salió bien el aborto". "Eres insuficiente, no sirves para nada, eres inútil", "Nadie te va a amar". Todo esto formaba parte de mis creencias limitantes, y, a partir de ese trauma, fui creyendo cosas sobre mí. Nadie me las había dicho, pero yo las creía. Y ese sistema de creencias formó toda mi vida; desde un hecho traumático, yo fui gestando un sistema de creencias sobre mí. Y lo que hizo este sistema fue manifestarlo durante 44 años: "Fui rechazada y abandonada durante casi toda mi vida".

Tenía que seguir repitiendo este sistema de creencias que se había gestado en función de esa vida, en función del mismísimo nacimiento, porque tenía que seguir siendo víctima. Lo que les quiero decir es que, cuando empezamos a entender lo que somos nosotros mismos, empezamos a correr el velo y, cuando lo corremos, no hay marcha atrás. Llega la responsabilidad de hacernos cargo de nuestra propia vida. ¿Vas a seguir culpando a mamá, a papá, a tu pasado biológico? ¿O vas a empezar a cantarle piedra libre a todas esas creencias limitantes que guardaste durante cuarenta y pico de años y que gestaron tu realidad? ¿Qué vas a hacer?

Todos tenemos la posibilidad de mirarnos al espejo y decir: "Okey, ya está; hasta acá llegamos; no quiero más esta vida para mí. No quiero más pasar por esta situación". Pero primero tenemos que ser capaces de mirarnos al espejo, de reconocernos verdaderamente, de dejar de decirnos: "¿Por qué me pasó esto a mí?". Decidí quitarle el peso dramático.

Esa esencia pura que vino a la Tierra a vivir esta experiencia pasó por ese nacimiento para estar hablándoles ahora a ustedes, acá, sobre la herida de rechazo. Qué bien que me elegí esta vida para pasar por esas situaciones y ahora poder estar diciendo lo que estoy diciendo. Perfecto. Seguramente, ustedes tienen una razón buenísima para haber pasado por todo lo que pasaron, para haber llegado hasta acá ahora con la suficiente conciencia, inteligencia y capacidad para dejar de llorar en un rincón sobre lo mal que la estuvieron viviendo y decir: "Okey, sigo llorando, pero ahora sé que soy responsable".

Y esto no quiere decir que yo tenga algún tipo de responsabilidad por lo que me pasó. Yo tengo responsabilidad por lo que voy a hacer ahora, con mis 44 años, con mi vida. Y yo decido no seguir repitiendo abandono y rechazo. Fue una decisión absolutamente mía, de nadie más, y esa decisión primero se tomó a los 20 y después, a los 25. Y, cada una de esas veces en que yo decidía hacer algo más y ser un poco más responsable, aumentaba mi conciencia, limpiaba cada vez más mis creencias, toda esa materia transgeneracional que cargamos. Imagínense: yo, para colmo, tengo dos árboles para limpiar: el biológico y el adoptivo. Decimos basta porque es algo que nos corresponde hacer a nosotros, porque, básicamente, podemos hacerlo, porque estamos en este momento viendo todo esto para poder hacer algo más superador, conciente y trascendente con eso que nos ha pasado.

Siempre tenemos la chance de seguir llorando, de seguir haciendo berrinches, con lo que queremos y no tenemos. Pero también siempre tenemos la chance de hacer algo más conciente, de parar la pelota, y decir: "Ah, voy a salir un ratito a mirar el partido desde afuera".

Es muy importante que entendamos que en todas las heridas hay un sistema y, en la herida de abandono y rechazo, tenemos a la víctima, al victimario y al salvador. Ninguno puede vivir sin el otro; en la herida del rechazo tenemos al rechazado y al que rechaza, al abandonador y al abandonado. Siempre es un sistema: uno no funciona sin el otro.

Lo interesante a nivel energético es que tenemos que saber que la carga es igual, vibracionalmente hablando; están vibrando igual el rechazado y el rechazador. Vibran en dos límites distintos, pero ambos lo hacen en igual rango. Entonces, es lógico que, si uno está vibrando en esa herida de abandono y rechazo, encuentre siempre a otro que también lo está haciendo en esa misma herida.

Y entendamos también, aunque no nos parezca que lo entendamos, que los que hemos sido abandonados hemos abandonado; los que hemos sido rechazados hemos rechazado. Generalmente, no tenemos conciencia de lo que hacemos cuando lo hacemos. Yo les puedo asegurar que, si ahora les hago escribir situaciones de abandono y situaciones en donde han abandonado, siempre hay alguno que dice que nunca abandonó a nadie. Probablemente, se han abandonado a ustedes mismos.

Lo interesante es que, si nosotros tenemos conciencia, podemos poner luz en todos estos momentos donde hemos sido uno y donde hemos sido otro, para no seguir vibrando en la misma frecuencia, y seguir repitiendo. Entonces, si nosotros nos ubicamos en esa herida, porque todavía no la pudimos poner en conciencia ni registrarla ni trabajarla, vamos a seguir vibrando sí o sí en esa frecuencia. Nos vamos a encontrar con otro que también vibra en esa frecuencia y, como tiene menos conciencia que yo, se va a ubicar en el lugar del rechazador y el abandonador, y vamos a seguir repitiendo el sistema por los siglos de los siglos... amén.

Debemos lograr que este sistema pare y deje de existir, ¿por qué?, porque no se puede seguir cargando la mochila. Por eso estamos sanando todo lo que estamos hablando, porque es necesario. Lo que hace el salvador es hacer dependiente a la víctima. Dice: "Yo te salvo; tú no quieres que yo te salve, pero yo te salvo igual. Ven acá; no me importa cómo, pero te voy a ayudar. No me importa mi beneficio, pero te voy a ayudar a ti porque lo necesitas más que yo". El salvador es, justamente, lo que parece que está bien pero, en definitiva, genera a un necesitado, a un dependiente emocional. Porque lo que no hace el salvador es generar empoderamiento y que el necesitado crea que puede salir de la situación.

¿Cuántas veces nos hemos puesto en esa situación? Yo te ayudo, yo te salvo, yo te doy todo. Se genera una persona sin autoestima elevada, para seguir controlándola. Y el salvador se alimenta del vínculo de esa necesidad. El triángulo dramático de la víctima, victimario y rescatador (o el salvador) solo sigue alimentando esa herida. Mientras estemos ubicados en alguno de esos tres lugares, se va a retroalimentar permanentemente; no la vamos a sanar. Vamos a seguir haciendo que engorde, y así se va a seguir repitiendo y manifestando afuera, hasta que uno se dé cuenta de ello.

Durante todo este tiempo, muchos nos hemos puesto en lugar de salvadores, los rescatadores, y hemos empezado a decir: "Yo te cuido, yo te hago". Lo único que tenemos que hacer es mirarnos, registrarnos y conocernos todo lo que podamos. Necesitamos ser expertos en identificar nuestras heridas.

Pasos para curar nuestras heridas

1. Visión y enfoque

En este paso, si esto fuera una obra de teatro, tienen que verse y enfocarse en la escena con un seguidor. La escena es la primera escena de esta obra.

2. Entendimiento

Vamos a tener que desmenuzar esa escena con la mirada de un adulto, y no con la mirada del niño. Porque nosotros nos quedamos congelados en el abuso y en el rechazo con la mirada del niño abandonado y rechazado. Y, desde esa situación emocional, seguimos generando lo mismo. Viene el recuerdo, y te deja volver a ser el niño herido, ¿por qué?, porque no estamos tomando y comprendiendo la situación como un adulto conciente.

Vemos nuevamente la escena; podemos entender la situación con la mirada de un adulto, bajando a mamá y papá al planeta Tierra, no idealizando, como en realidad lo hace un niño. Podemos poner compasión y amor en esa mirada y reescribir esa escena desde un adulto, porque en el entendimiento vamos a reescribir la escena del paso número 1. Nos vamos a convertir en viajeros del tiempo; vamos a ir hacia el pasado y vamos a reescribir esa escena desde una mirada de amor, desde una mirada compasiva.

3. Perdón

Cuando ya tenemos escrita la escena del entendimiento del adulto conciente, el siguiente nivel es el perdón. Vamos a perdonar, ¿por qué?, porque ya está bien. Porque el perdón nunca es para el otro, sea lo que fuere que me haya hecho. El perdón siempre es para mí. El perdón libera, genera espacio, saca carga. Vamos a perdonar porque nos lo merecemos. Vamos a ir al pasado; vamos a perdonar esa situación, a reescribir la escena, a entender lo que pasó, a ponerle amor a la situación, compasión, comprensión. Recién ahí, el niño herido va a poder irse a jugar, va a dejar de estar enojado. Ahora va a tener un adulto conciente que lo va a cuidar, que no lo va a rechazar ni a abandonar. La clave aquí es convertirnos en madres y padres amorosos para nosotros mismos.

4. Conciencia

Volvemos al presente y nos hacemos concientes de esta vida, de esto que pasó. Le sacamos el velo, la máscara. Iluminamos la habitación de la casa, que estaba oscura y que seguía generando realidad sin que yo supiera. Cuando tomamos conciencia de esto, ya sabemos qué papel viene a cumplir la herida.

Cuanta más conciencia ponemos sobre esa herida, más rápido se sana. Cuanta más conciencia tenemos de todas estas situaciones que hemos vivido, más se limpia, y menos obligamos a la vida a que lo sigamos repitiendo eternamente. Si limpiamos nuestro sistema de creencias, esos pensamientos no crean más realidad. Cuanto más concientes seamos, más limpio será nuestro sistema de creencias. Y la herida empieza a volverse cada vez más pequeña porque no come, porque se va muriendo de hambre. De esta manera, entendemos que, después del perdón, vamos a seguir viviendo con la conciencia de esa herida y, cada vez que nos lleguen este tipo de situaciones, vamos a hacer el ejercicio conciente de preguntarnos: "¿Esto tiene que ver con la herida? ¿Esto me activa la herida de abandono y de rechazo? ¿Esto está activando eso de lo que en definitiva ya sé de dónde viene?".

Es la etapa más larga, porque se nos presentan muchas situaciones, y cada situación nos ayuda a limpiar un poquito más. ¿Cuándo se termina todo esto? No les puedo decir cuándo es el proceso de cada uno de ustedes. Hay un momento, después de la conciencia de herida, que llamamos "punto cero". Cuando creíamos que ya estaba superado, cuando pensábamos que ya lo habíamos sanado, entonces, aparece el punto cero, para ver si aprendimos. En este momento, necesitamos cambiar lo que hicimos y autoelegirnos. Cuando uno tiene herida de rechazo, no se elige porque no se cree suficiente y, probablemente, tampoco se tiene la autoestima alta, no se ama. Entonces, a medida que vamos teniendo conciencia de vida, vamos aumentando nuestro amor propio. Al aumentar nuestro amor propio, va aumentando también la capacidad de autoelegirnos porque vamos entendiendo que ese primer malentendido (en el que papá dijo que era una inútil) no tengo que repetirlo por años y años, y que yo sea un/a inútil solamente fue una mala interpretación de una escena. Quedé congelado/a y alimenté un sistema de creencias y lo manifesté durante años y años y años, dándole la razón a papá. Entonces, en el punto cero, vamos a identificar una escena, porque la vamos a vivir, y en ese momento decir: "¡Okey! Yo ahora me amo y voy a hacer otra cosa completamente distinta". Y, cuando hacemos algo completamente distinto, caminando hacia el autoamor, hacia la verdad y hacia la compasión por nosotros mismos, la herida no necesita manifestarse más afuera. Y entonces dejamos de repetir. Lo sanamos. Ya está.

Y, si vuelve, vamos a saber cómo manejarla. Quizá la herida de abandono y rechazo me persiga hasta el último segundo de mi vida. Pero yo les puedo decir, hoy por hoy, que la sé manejar, que es mi amiga; ya nos entendemos. Y, si sigo manifestándola afuera, sé cómo corregir el rumbo. Todo termina en el nuevo accionar. Yo me hago cargo de mí mismo, soy un adulto conciente; acciono distinto. No acciono como un niño herido que es víctima y como un rescatador. Soy responsable, y lo único que hago es elegirme, porque entiendo que estuve creando mi realidad basada en un malentendido que se gestó en algún momento.

Obviamente, hay situaciones que son un poquito más complicadas y que tienen que ver no solo con lo que nos ha pasado a nosotros, sino con una herida que se fue repitiendo transgeneracionalmente. Cuando esto pasa, quiere decir que no tuvieron su origen en los primeros años de la infancia; esas heridas transgeneracionales las heredamos de un linaje o del otro, o quizás de los dos. Entonces, también vamos a tener que limpiarlas. Poniendo conciencia en esas situaciones, no vamos a tener que ir a nuestros ocho años: haremos todo este procedimiento, pero yéndonos a mamá, a la abuela, al tatarabuelo que viajo desde España, que abandonó a toda su familia. Vamos a tener que hacer todo este protocolo con lo que podamos conocer de lo que fue nuestro árbol genealógico, y vamos a detectar, en este, posibles situaciones de abandono y de rechazo.

Nosotros somos detectives: buscamos nuestra información, la que nos constituyó. Si limpiamos nuestro inconsciente (que es, en definitiva, el que manifiesta realidad), no solamente limpiamos el inconsciente individual y familiar, sino que no repetimos lo mismo con nuestros hijos, y a la vez ayudamos a limpiar el inconsciente colectivo del lugar al que pertenecemos. Así, podremos dejar *el jardín lo suficientemente limpio* para lo que sigue.

La llegada

CAPÍTULO 5

Pareja y sanación

Necesitamos resetear la *máquina*. Ya pasó de moda el chico malo. Nos urge que nuestra mente comience a pensar distinto. Porque, al hacerlo, comenzamos a atraer otra clase de personas. Tenemos que saber, a esta altura, que no podemos (ni nos conviene) seguir pensando lo mismo para atraer lo mismo pero, si no sabemos qué pensamos, no sabemos cómo atraer. ¿Cómo atraer algo sano? ¿Cómo cambiamos la historia? ¿Cómo dejar de llorar y conseguir algo sano? ¿Cómo entender la mente para que atraiga algo que merecemos? Ya sabemos cómo atraerlo: ahora empecemos a entender cómo atraer lo bueno. ¿Estamos aptos para atraer una pareja sana? ¿Qué es para mí una pareja sana?- Que sea...

- sana,

- libre,

- pura,

- conciente,

- amorosa.

Lo primero que hay que hacer es pararse y sincerarse delante del espejo; preguntarnos, hablarnos a nosotros mismos. Cuando sorteamos esta etapa de la autoconfesión con el espejo, nos podemos preguntar: "¿Qué tenemos para ofrecer? ¿Nos amamos? ¿Nos valoramos? ¿Para qué queremos una pareja?, ¿para llenar los huecos que tenemos desde 1982?, ¿porque estamos inseguros de nosotros mismos?". Y, frente a tantas preguntas, hoy mi historia cambió. Estoy frente al final y al comienzo de mi propia historia que deseo compartirte...

Y luego de todo este proceso, llegando al final de este recorrido, quisiera preguntarte: "¿Te enamorarías de ti mismo?". Si la respuesta es no, volvemos a hacer terapia. Si no, comparto estos 10 pasos que, junto con la ayuda profesional, podrán ayudarte:

1. Retrospectiva

Tenemos que mirar para atrás, entender nuestra vida en retrospectiva. Tener en claro esto: ¿qué te pasó? ¿Cuándo te pasó? ¿Qué fue lo que te llevó a atravesar lo que te pasó? Blanqueemos cómo fue nuestra vida. Conocerse... Saber quiénes somos, acordarnos de nuestras heridas: es la única manera de poder limpiar.

2. Sanación

Es imposible tener una pareja sana si no pasamos por un proceso profundo de sanación. Esto supone meterse de lleno a nadar en nuestro propio barro. Ser concientes del proceso de sanación que estamos atravesando implica saber cuáles son nuestras heridas, nuestras creencias limitantes, nuestras vidas pasadas, etc. Todo influye en las decisiones que tomamos ahora.

La sanación es transformación.

3. Termómetro

El otro es un espejo y un termómetro de nuestro estado de conciencia. Tenemos que saber en qué estado de conciencia estamos nosotros. Cuidémoslo, entendámoslo, despertémoslo. Hagamos lo que queramos, pero conozcámoslo. La persona que tenemos enfrente va a tener ese estado de conciencia en el que estemos.

4. Paradigma

¿Cuál es el paradigma que tenemos sobre el amor? Para tener una pareja sana, libre, pura, conciente y amorosa, necesitamos cambiar el paradigma del amor que vivimos desde nuestra infancia, empezar a ver qué creemos del amor. Usar la cabeza... Tener criterio propio. El nuevo paradigma del amor comienza a tener nuevas características: implica una transformación.

5. Transformación

Estamos cambiando todo el tiempo, y vamos a seguir haciéndolo. La Tierra se encuentra dando un salto cuántico hacia otra frecuencia, y esto genera que nosotros estemos viajando hacia otra frecuencia y de ninguna manera vamos a poder quedarnos en el estado actual. Vamos a transformarnos mucho más.

6. Libertad

No podemos tener una pareja sana, libre, pura, conciente, y amorosa si no entendemos que las nuevas parejas y el nuevo amor están basados en la libertad, y no en la posesión. No queramos que esté todo el día para nosotros. Es libre o no lo es.

7. Comunicación

¿Sabemos hablar de lo que nos pasa? ¿Sabemos hablar de nuestras heridas, contar nuestras trabas, nuestras creencias limitantes, hacer un análisis de qué nos gusta y de qué no nos gusta? La gente que no se conoce no puede comunicarlo. Si nos conocemos, podemos hablar al otro de manera empática, asertiva, funcional; hablar de quiénes somos, sabiendo quiénes somos.

8. No buscar

Si estamos buscando algo, eso, por ley física, se va a ir. Generalmente, cuando atraemos a alguien sano, libre, puro, conciente y amoroso, es cuando no buscamos. Cuando no necesitemos una pareja sana, vamos a atraer una pareja sana. ¿Por qué?, porque no buscamos nada desde la necesidad, desde el agujero. Cuando no necesitamos, atraemos lo que merecemos.

9. Soledad

Cuando amamos estar solos, atraemos a gente que ya está completa, que es feliz, que puede estar sola, que ama la soledad. Desde el lugar de satisfacción, de disfrute, de completitud, se puede armar algo sano. Desde el "Necesito", tenemos un vínculo dependiente.

10. Habilitación

Necesitamos estar habilitados, estar abiertos a la posibilidad de que, si sucede, sucede. Abramos la cabeza, abramos el corazón, y que tu capacidad de amor esté permanentemente activa. Si amamos a todos, atraeremos a alguien que también ame todo y a todos.

Y, al pasar por todo este proceso, estaremos listos para comenzar a amarnos y a amar de una manera sana, que al vernos, podamos decirnos: "Ese/a soy yo, amándome y amando".

CAPÍTULO 6

Final y comienzo

Hace más de un año que vivo frente al mar. Y todo en mi vida ahora es más brillante, más cálido, más contundente, más ventoso, más simple. Hoy me levanté con los ojos cansados; manejé siguiendo la ruta de la playa, y llegué hasta el mismo bar de siempre. Me senté en la misma mesa, comí el mismo desayuno y saludé a Ale, el camarero que me atendió cuando llegué, que ahora es mi amigo. No cambié mi rutina. La diferente soy yo.

Viví las cuatro estaciones aquí; ya tengo un nuevo documento y compré mi propia casa. En un año, la escenografía de mi vida es completamente otra. En este tiempo, aprendí a mirar la línea que separa el cielo del mar cada vez que no tengo guía. Aprendí a escuchar. Porque todo lo que veo me habla con inocencia. Aprendí a quedarme quieta, mirando un ave. O una ola. O una hoja que se mueve en un árbol. Aprendí a tocar pinos por la calle. Y a saludarlos. Aprendí que el bosque está vivo... tanto como yo.

Aprendí que puedo llegar más lejos en mi auto. Y que puedo sentirme segura y feliz. Aprendí que, en Pinamar, hay un solo cine: el cine teatro Oasis. Y que hay gente que me conoce, aun sin haber hablado conmigo. Porque casi todos se conocen acá. Aprendí que me gusta que todo tenga arena. O que esté todo lleno de arena o que encuentres arena por cualquier parte. Aprendí que vivo en clima costero y no siento tanto frío como antes. Que me gusta el frío. Y aprendí también que siempre podemos reconocernos en lo que nunca pensamos que sería posible.

Aprendí que puedo. Que soy poderosa. Que me levanto más contenta que nunca. Aprendí que vivir acá es mágico y que respiro vida. Aprendí que el amor propio es seguir tu brújula interna y armar la valija para construir la vida que te permitís tener. Porque ahora solo yo me permito. Solo yo me dejo. Solo yo me habilito la entrada de lo bueno. Ahora. Ya. Y para siempre.

Mi vida siempre fue de cuento. De telenovela. La gente que me conoce lo sabe. Y creo que soy una gran guionista. Una gran escritora de películas de amor. Porque soy la actriz principal de una hermosa película de amor. De amor real. De amor bien entendido. De amor no distorsionado. Cada escena la construí con pasión, con perfección y sin dejar nada librado al azar. Desde mi nacimiento, todas las partes de la película fueron milimétricamente escritas con un objetivo: aprender más sobre el amor humano.

No sé si seguiré escribiendo libros o si este libro será el último libro que escriba. Ya no me gusta eso de saber qué es lo que sigue en el cuento. Lo que sé es que siempre quise ser coherente con quien soy en realidad. Y ahora, entonces, me pregunto: ¿tendré que seguir diciéndole a otros cómo vivir?, ¿cómo amar?, ¿cómo hacer el amor? O habrá llegado la hora de que, por fin, pueda pasar a la acción. Llegar a Pinamar me cambió los planes. Haber viajado tanto con mi alma para estar aquí me enseñó que tal vez, solo tal vez, el tiempo de los gurúes que hablan, escriben o dan conferencias sobre sanación, motivación o cualquier otra pavada, quizás, también esté terminando.

Este no solo es el último capítulo de mi último libro. También es el principio de mi nueva comedia romántica dedicada, simplemente, a eso: a vivir.

Desde hace dieciocho años estoy completa y absolutamente sumergida en el maravilloso —o terrible— trabajo de comunicar conciencia y amor. Durante casi dos décadas suspendí mi propia vida para hacer esto: entender un poco sobre las relaciones entre las personas y sus consecuencias inevitables. Mi primer libro se llamó "Quiero un novio" y mi último taller, "Amor sin etiquetas". Creo que lo he hecho bien. Creo que lo he logrado. Creo que corrí de mi propia experiencia el amor posesivo, el amor dependiente, el amor abusivo y el amor romántico. Sí. Lo hice bien.

No puedo irme sin confesarles que, a través de estos tantísimos años, lo único que hice fue viajar hacia mi propia sanación. Y, para eso, colaboré en el proceso de aprendizaje de los miles y miles de personas que me encontré en el camino. Todos fueron mis maestros. Inmejorables.

Amorosos. Respetuosos. Mágicos. Porque nadie sabe más que nadie en esto inentendible que llamamos *vida*. Todos *nos colaboramos*. Todos somos parte del camino del otro.

Ahora, quizás, yo esté en el precipicio, mirando para abajo. Y también para arriba. Ahora mismo, quizás, yo esté vestida con un gorro de colores, con medias largas y con minifalda violeta, pisando la pinocha del Parque de los Pioneros. Siempre mirando al cielo. O al sol... mi único dios... mi único guía. Ya no pretendo más que vivir con calma y presencia absolutas en cada cosa. Ya no pretendo más que vivir y amar como pueda. Como salga. Como tenga que hacerlo.

Esa será la próxima parada del camino: solo mi vida. Y para eso, en una de esas, tenga que volver a amar. Tal vez, me toque. O no. Tal vez ahora pueda. O no. Este hermoso viaje hacia el Amor Real (mi propio amor) me enseñó que la vida está ahí, siempre esperándome, que no puedo evitarme las lágrimas, ni las caídas, ni las supuestas derrotas. Ni siquiera escribiéndoles a todos ustedes libros sobre cómo amar pude borrar esa sensación de angustia que me provoca estar tan lejos de mi mamá y de las flores preciosas de su jardín en Barracas.

Por suerte, el dolor punzante del rechazo cada vez es menos y se trasciende un poco más rápido. Todos estos años, todos estos libros, todas estas clases solo fueron los intentos inconclusos de mi alma por encontrar las partecitas perdidas de mi propia identidad. Porque, a través de muchísimas vidas y de tiempos lejanos, solo estamos viajando para encontrar las piezas del rompecabezas de nuestra verdadera esencia. De eso que somos realmente.

Quizás ahora me toca salir a vivir la vida rodeada de pinos, de mar y de pájaros que aparecen en mi ventana para saludarme. Tal vez, vuelva a encontrar un hombre que me prepare el desayuno a la mañana. Tal vez, ese hombre vuelva a besarme con ternura. Y yo me deje. Y vuelva a besarlo a él. También con ternura. Entonces, en ese momento, abriré los ojos. Se lo prometo. Y miraré su alma. Cada uno de sus rincones, los lindos, los feos, la magia y la sombra. Miraré cada uno de mis rincones, esos que ya sé de memoria y esos que todavía son un misterio o un secreto. Ahora sé cómo hacerlo. Nos besaremos con los ojos abiertos, por fin. Porque la única que tenía que aprender a despertarse para amar era yo. Sí. Yo.

AGRADECIMIENTOS

Este libro no podría haberse escrito sin la contención, apoyo y amor descomunal de mis amigos. Gracias a Sofía, a Pablo, a Verónica, a Yanina, a Santiago, a Maresia, a Facundo, a Mariano, a Nara, a Diego, a Carolina, a Rita y a Ángeles. Los amo.

Gracias a Ximena Donnet y a Gabriela Spilzinger por haber colaborado en la producción de los textos con tanto cariño.

Y, finalmente, gracias a todo Pinamar. En especial, gracias a Juan, a Martín, a Francisco, a Barby, a Bernardo, a Sonia, a Valeria y a Fernanda. Gracias a todos los camareros de El Atlántico por los cafés y por la compañía (solo nombraré a Germán, pero vale para todos). Gracias a Iván también.

Gracias al mar por la escucha.
Gracias al bosque por el sostén.
Gracias a las estrellas por la guía.
Gracias a la fuerza de los mil huracanes que me habita.